KB150847

세계사와 통하는
매운맛 조선사

세계사와 통하는
매운맛 조선사

2022년 3월 14일 초판 1쇄 인쇄
2022년 3월 25일 초판 1쇄 발행

지은이	김용남
펴낸이	조시현
펴낸곳	도서출판 바틀비
주소	04019 서울시 마포구 동교로8안길 14, 미도맨션 4동 301호
전화	02-335-5306
팩시밀리	02-3142-2559
페이스북	www.facebook.com/withbartleby
블로그	blog.naver.com/bartleby_book
이메일	bartleby_book@naver.com
출판등록	제2021-000312호

ⓒ 김용남, 2022
ISBN 979-11-91959-04-8 03910

세계사와 통하는

매운맛 조선사

김용남 지음

33가지 질문으로 파헤쳐본 조선의 빛과 그늘

조선
1392
~1910

바틀비

눈 맑은 제자들과의 역사 대화

젊은 세대를 중심으로 '헬 조선'이란 말이 유행한 적이 있었습니다. 헬 한국이 아니라 헬 조선인 이유는 현재 한국 사회가 과거 조선과 비슷하다는 생각 때문입니다. 그렇게 보면 헬 조선이란 말은 한국과 함께 조선도 비판하고 있습니다. 고구려는 대륙을 호령하는 강한 국가였고, 고려는 국제무역이 활발한 개방적인 국가였는데, 조선은 무기력하고 폐쇄적이며 지배층이 외국에는 굴종하면서 안에서 백성을 착취하는 국가라는 인식이 있는 것입니다. 하지만 그것은 19세기 조선의 모습일 뿐, 초기인 15세기 조선은 뛰어난 시스템을 갖추고 세계 대부분의 나라보다 문명 수준이 앞서 있었습니다. 그렇다면 우리는 헤븐 조선이 왜 헬 조선으로 퇴보했는지 살펴볼 필요가 있을 것입니다. 이 책에서는 그 이유를 중심으로 기존의 역사 해석을 검토하고 새로운 의견을 제시해 보았습니다.

지금까지 조선사는 많이 연구되었지만, 학자마다 의견이 다릅니다. 혹자는 영조를 명군으로 보는데, 혹자는 암군으로 절하합니다. 어떤 이는 정조를 개혁 군주로 띄우는데, 다른 이는 정조를 수구 군주로 비판합니다. 같은 인물, 같은 사건에 대해 평가가 다른 원인 중의 하나는 학자 개인의 주관적 입장이 들어가기 때문입니다. 학계라고 해서 정치권과 같은 당파성이나 사적 영향력 추구가 없는 것은 아닙니다.

정계를 보면 비상식적인 경우가 참 많습니다. 자신에게 유리한 사실만 취사선택하고, 명백히 틀린 것도 악착같이 우겨댑니다. 상대 당이 주장하는 정책은 아무리 국민에게 좋은 정책도 무조건 거부합니다. '듣고 보니 그쪽 당 의견이 더 타당하네요'라는 말은 존재 불가능합니다. 그런데 조선사 책을 읽다 보면 일부 역사 저술가들도 정계 인사와 별반 다르지 않다는 생각이 곧잘 듭니다. 답을 정해놓고 사서에서 결론과 부합되는 내용만 취사선택하여 자신의 주장과 학설을 강변합니다. 이런 이들은 논리적 반박이 들어와도 절대로 오류를 인정하지 않고 제자한테 맞대응에 나서게 합니다. 학설을 반박하기 어려우면, 상대의 학위나 기타 약점을 찾아 공격하면서, 무슨 사학이란 프레임을 씌웁니다. 그러면 극렬한 팬이 움직여서 더 강한 지지를 확보합니다. 이러한 사태를 겪다 보니 상식으로 판단해도 분명한 역사 사실이 지금까지 왜곡되어 전해오는 경우가 종종 있었습니다.

저는 제도권 내의 한국사 전공자가 아닙니다. 그럼에도 조선사를 쓸 수 있었던 가장 큰 무기는 바로 고정관념을 탈피한 합리적 판단입니다. 이 책은 어떤 경우에는 특정 사관과 의견을 같이하고, 어떤 경우에는 그 사관을 배격합니다. 어떤 주제에서는 인기 역사 저술가의 주장에 동의하지만, 다른 주제에서는 그의 의견에 단호히 반대합니다. 한국사 학계에 발을 담그고 있지 않기에 누구의 눈치도 볼 필요가 없습니다. 기존 역사학자가 이리저리 이해관계가 얽힌 중진 의원이라면, 저는 참신함으로 무장한 혈혈단신 초선 의원의 자세로 이 책을 썼습니다. 기존 역사학자들이 검사와 변호사로 한쪽 시각으로만 보면서 싸우고 있다면, 저는 국민배심원단 입장에서 판결을 내렸습니다. 상식과 열린 시각을 가진 사람이라면 이러한 시도와 역사 해석에 지지를 표해 주실 것으로 기대합니다.

저는 이 책에 저의 취향을 주입하지 않고자 노력했습니다. 독립된 개인의 자유의지를 중요하게 생각하는 저에게 유교 이념과 문화는 잘 맞지 않습니다. 그러나 제가 안동소주를 즐기지 않지만 애주가의 기호를 존중하듯이, 유교 문화가 조선에 끼친 영향을 객관적으로 살펴보았습니다. 유교 이념이 15세기 조선의 절정을 이끌었고, 기근에 잘 대처하는 등 조선에 긍정적 요인을 끼친 부분도 충실히 반영했습니다. 입맛에 따라 역사를 편집하지 않고, 지향하는 세계와 다르더라도 당시 시각에 맞추어 존중하는 자세를 갖고 집필했습니다. 정의의 여신처럼 날카로운 칼을 들고 비판하되 저울의 공정함은 유지했습니다.

이 책을 쓰면서 기존 조선사 통사와 몇 가지 점에서 확연히 차별화를 기했습니다. 첫 번째로 세계사를 통해 조선사를 살폈습니다. 조선사를 세기별로 서술하면서 같은 세기의 외국을 보면서 조선이 언제까지 앞섰으며, 언제부터 어떤 이유로 뒤처졌는지 알아보았습니다. '자국의 역사만 아는 것은 자국의 역사도 모르는 것'이라는 말이 있습니다. 독자 여러분은 세계 여러 국가 역사와 아울러 보면서 조선을 진정 제대로 평가할 수 있을 것입니다.

두 번째로 이 책에서 경제, 기후, 과학기술이 역사에 미친 영향을 강조했습니다. 대부분의 조선사 통사는 정치사에 압도적으로 치우친 경향을 보입니다. 이 책도 독자 여러분의 재미와 이해를 위해서 큰 흐름은 국왕을 중심으로 한 정치사를 따릅니다. 하지만 그 시기에 있었던 경제 변화, 기근과 전염병의 확산, 세계에 영향을 끼친 과학기술에도 주목했습니다. 조선사에도 기후 때문에 저평가된 왕이 있고, 고평가된 왕이 있습니다. 일본에 유출된 기술이 어떤 나비효과를 가져왔는지도 살펴볼 필요가 있습니다. 역사를 결정하는 요인은 한 가지가 아니므로, 역사를 다양한 관점에서 봐야 합니다. 저는 전작인 세계사 통사에서도 경제, 기후, 과학기술에 비중을 크게 두었는데 이번에도 그런 관점을 유지하면서 집필하였습니다.

마지막으로 이 책에서는 역사의 보편적인 법칙과 교훈을 살피는데 힘을 기울였음을 밝혀둡니다. 이 책을 읽다 보면 현대 정치인들의 언행이 떠오르는 경우도 많을 것입니다. 조선사를 교훈으로 현재의 우리에게 하고픈 얘기를 풀어놓은 것도 이 책의 목적입니다. 과거에 벌어진 일을 시대순으로 이해하는 것이 역사의 순한 맛이라면, 역사를 통해 오늘의 우리가 무엇을 생각해야 할지 성찰하고 파고들었다는 점에서 이 책을 매운맛 역사서라고 할 수 있을 것입니다.

저는 이 책을 제자 지혜와 주고받는 대화체로 집필했습니다. 지혜는 저와 함께 수업했던 학생 가운데 특히 역사에 관한 호기심이 컸던 여러 제자를 대표하는 캐릭터입니다. 그들의 끊임없는 질문이 수업 시간을 풍성하게 만들었고, 이 책 내용 7막 33장의 뼈대를 이루었습니다. 가상이지만 실존인물과 다를 바 없는 제자 지혜와의 대화를 통해, 제가 교실에서 못다 한 얘기들을 여기서 풀어놓았습니다.

이 자리에서 제자들에게 감사의 뜻을 표합니다. 원고를 꼼꼼히 읽고 추천사를 써준 정성윤 박사과정에게도 고맙다는 인사를 전합니다. 절친한 스승이나 선배에게 추천사를 부탁하는 관례에서 벗어나 젊은 연구자의 참신한 비평을 받을 수 있어 기쁩니다. 어려서부터 역사를 함께 공부한 형제에게도 깊은 감사를 드립니다. 끝으로 소중한 사람, 아내에게 사랑을 표합니다. 다들 행복하시기 바랍니다.

견성재見星齋에서 김용남

독자를 성장시키는 역사책

정성윤

(독일 할레-비텐베르크 대학교 사학과 박사과정)

문학평론가 김현은 "문학은 써먹을 수 없다. 한 편의 시는 불의를 시정할 수도, 가난을 해결할 수도 없다. 그럼에도 불구하고 문학을 한다면 도대체 문학은 무엇을 할 수 있는가"라는 물음을 던진 적이 있습니다. 이 물음은 역사에 대해서도 동일하게 적용됩니다. 역사 공부의 효용성에 대한 질문은 오늘날 더욱 날카롭게 제기되고 있습니다. 역사지식이 바로 스펙으로 연결되지도 않는다는 점에서 오늘날 역사학자들은 나름의 '변명'을 마련해두고 있어야 하는 것 같습니다. 최근 10여 년 동안 한국 사회에서 널리 통용된 '변명'은 역사를 비롯한 인문학을 '교양'이라 소개하며 상징자본처럼 대하는 방식이었습니다. 그런데 고등학교에서 역사를 가르치는 김용남 선생님이 쓴 이 책은 보다 다양한 방향에서 역사 공부의 가치를 보여주고 있습니다.

첫째, 이 책은 조선 시대 역사를 충실하게 담아내어 독자가 필요로 하는 정보를 제공하고 있습니다. 보통의 역사책처럼 『세계사와 통하는 매운맛 조선사』(이하 매운맛 조선사)도 국왕의 활동 및 다음 대로의 계승이라는 정치 연대기의 반복을 통해 역사를 서술합니다. 기존의 친숙한 방식을 사용하면서도 조선 시대를 세기별로 발단-절정-위기-전환-전개-하강-결말로 구분하는 독창적 구성을 시도했습니다. 그럼으로써 조선의 정치외교적 환경의 변화나 사회경제적 발전을 보다 장기적인 관점에서 조망할 수 있도록 하고 있습니다.

또한 이 책은 조선 정치사에 국한되지 않는 다양한 정보를 함께 소개하고 있어서 종합 교양서로서 충분한 가치를 지닙니다. 역사책 독자들은 역사 지식을 공통의 배경 지식으로 활용합니다. 역사 지식은 실용적인 측면에서는 공통 지식으로서, 커뮤니케이션을 쉽게 만들어주는 프로토콜로 작동합니다. 『매운맛 조선사』는 조선 시대에 관한 역사적 지식을 종합적으로 제공하여 역사책을 찾는 독자들의 필요에 부응하고 있습니다. 이에 더하여 과학이나 기후 등 상대적으로 낯선 영역과 조선사를 관련지어 설명함으로써 독자의 이해를 넓히고 있습니다.

둘째, 『매운맛 조선사』는 조선 시대와 관련한 질문을 던지고 답하는 방식으로 역사를 풀어가고 있습니다. 저자가 해답을 제시하는 과정에는 다양한 지표의 비교, 조선과 외국 역사의 비교가 근거로 제시됩니다. 이 책에서 저자는 세계 각국, 특히 중국과 일본의 사례를 풍부하게 인용하고 있습니다. 이를 통해 독자는 같은 시기의 조선과 외국이 어떻게 달랐는지, 또는 조선과 유사한 사건이 벌어진 외국은 어떠했는지 확인할 수 있습니다.

역사 공부는 필연적으로 비교 과정을 거치게 됩니다. 과거를 확인할 수 있는 방법은 제한적입니다. 부족한 정보를 바탕으로 역사 속 상황, 제도, 인물에 대한 판단을 내리는 것은 때로 오해나 편견을 재생산하는 일이 될 수 있습니다. 역사 공부는 과거와 현재, 여기와 저기를 비교하며 이루어져야 합니다. 비교를 통해 역사에 대한 단선적인 설명에서 벗어나면, 여러 나라들이 어떤 조건이 비슷했기에 유사한 역사가 진행되었는지, 혹은 어떤 것이 달랐기에 상이한 미래에 도달했는지를 분석적으로 따져 물을 수 있게 됩니다. 『매운맛 조선사』는 역사 속 상황과 오늘날의 현실을 비교하고 조선과 다른 국가들의 상황을 견주어보며 '우리나라 역사'를 바라보는 유연하고 합리적인 견해를 갖출 수 있게 해줍니다.

셋째, 이 책에서 저자는 기존 역사 서술에서 당연하다고 여겼던 설명과 평가에 의문을 제기하고 있습니다. 이는 한편으로 저자가 최신 학설을 적극적으로 수용했기 때문입니다. 30대 이상이 과거 역사 수업 시간에 배웠던 내용 중 적지않은 부분이 오늘날 구체적 증거를 갖춘 연구에 의해 비판되고 있습니다. 신진사대부와 권문세족이 명확히 구분되지 않는다는 점이 대표적입니다. 다른 한편으로 이는 저자가 비판적 사고를 요하는 질문을 독자에게 적극적으로 던지고 있기 때문이기도 합니다.

역사'책'을 읽는 과정은 독자와 저자의 대화입니다. 예전에는 민족주의를 비롯한 특정한 역사 의식을 바탕으로 과거를 해석하는 경향이 지배적이었습니다. 그 시기에 역사책을 읽는 것은 특정한 역사 의식을 학습하며 시민 의식을 강화하는 과정이라 여겼습니다. 그러나 다원주의 관점이 주류가 된 현재, 그런 시도는 다양한 반론에 직면하였으며, 다양한 채널을 통해 정보를 획득하는 현 시점의 독자들에게 그런 서술 방식이 효과를 발휘하기도 어렵게 되었습니다. 그렇다고 '균형 잡힌' 시각으로 역사를 쓴다고 하면, 그 '균형'이 올바른가에 대한 비판은 제쳐두고라도, 여러 의견을 균등하게 다루고 있는 글은 안타깝게도 재미없을 때가 많습니다. 기계적 균형에

머무는 것은, 어떤 면에서는 독자와의 상호작용을 포기하는 것이기 때문입니다.

　독일의 역사학자 라인하르트 코젤렉Reinhart Koselleck은 역사가의 일이 '정체성을 만드는 것이 아니라 그것을 부수는 것'이라고 말한 바 있습니다. 코젤렉은 우리가 당연한 것으로 받아들이고 있는 '현재 상태'의 기원을 밝히고, 그것이 어떤 과정을 거쳐 오늘의 형태로 자리잡았는지를 분석하고자 했습니다. 이 점에서 역사가는 우리가 자명하다고 생각했던 '정체성'을 부수는 일을 한다고 할 수 있겠습니다. 『매운맛 조선사』의 독자들은 저자의 안내를 따라가며 다양한 질문과 접하고, 저자의 관점에 설득되거나 때로 동의하지 않으며 조선 시대를 탐구하게 될 것입니다. 이 책 저자와의 대화가, 자명하다고 여겨져 왔던 사실에 의문을 제기하고 새로운 관점을 마련하는 기회가 되었으면 좋겠습니다. 충실한 검토를 바탕으로 과거사를 조망하면서 현재 시각에서의 문제도 제기하는 『매운맛 조선사』를 통해 역사 공부의 유용함과 즐거움을 확인해보시기 바랍니다.

차례

I. 발단

14세기, 조선 건국에
정당성이 있는가?

I
발단

14세기,
조선 건국에
정당성이 있는가?

1. 이성계의 위화도 회군은 타당했는가?

지혜　　　조선 역사는 1392년부터 시작합니다. 하지만 조선사를 논하기 위해서는 고려 말의 상황을 이해해야 합니다. 조선을 비판하는 사람들은 조선을 애초에 태어나지 않았어야 할 나라로 평가하는 경향이 있기 때문입니다. 그 1차 근거로 지목되는 사건이 바로 위화도 회군입니다. 위화도 회군을 통해 이성계가 권력을 장악했고, 그때부터 조선의 뿌리가 시작되기 때문이지요. 그렇다면 먼저 위화도 회군의 배경을 살펴보고, 그 타당성을 논해보겠습니다. 위화도 회군 당시의 상황을 설명해 주시죠.

김 선생　　　당시는 고려 우왕 때입니다. 명나라는 고려에 철령 이북의 땅을 내놓을 것을 요구합니다. 거기에 반발해 고려는 명나라가 차지하고 있던 요동을 점령하기 위해 군대를 일으킵니다. 총사령관 최영은 후방에 남았고, 직접 병력을 이끌고 출전한 장군은 좌군도통사 조민수와 우군도통사 이성계였습니다. 서열은 조민수가 높았지만 실세는 이성계였죠. 이들은 고려와 요동의 경계인 압록강의 섬 위화도까지 갔지만 강물이 불어나서 강을 건너기 어려운 상황에 놓입니다. 그것을 명분으로 이성계가 군대를 거꾸로 돌려서 최영을 죽이고 권력을 차지하지요. 군대가 명령을 어기고 왕과 총사령관을 공격했다는 점에서 불법 쿠데타로 볼 수가 있습니다. 불법 쿠데타로 잡은 권력이 조선의 시발점이 되었다는 점에서 건국의 정당성을 비판하는 근거로 작용하고요.

그런데 불법 쿠데타로 왕조를 세웠다고 해서 반드시 비판받는 것은 아닙니다. 고려 자체도 신하였던 왕건이 궁예를 상대로 칼을 들고 일어나 세운 왕조였습니다. 카이사르가 루비콘강을 건넌 사건이나, 나폴레옹이 브뤼메르 18일에 일으킨 행위도 쿠데타지만 역사의 평가는 나쁘지 않죠.* 당시 상황이 쿠데타를 일으킬 만했는지, 그 후에 어떤 정책을 펼쳤는지에 따라서 행위가 지탄받기도 하고, 용서 또는 옹호되기도 하는 거겠죠.

지혜　　　그 점에서 이성계는 왜 군대를 돌려야만 했는지 상황을 더 자세히 봐야겠군요. 먼저 이성계 개인에게 초점을 맞추어 보

---

* 루비콘강은 이탈리아 북부에 있는 강으로, 전쟁터에 나간 장군은 여기서 군대를 해산하고, 로마로 귀환해야 했다. 하지만 카이사르는 군대를 이끌고 강을 건너 로마 공화정을 무너뜨렸다. 나폴레옹은 혁명 달력으로 브뤼메르brumaire 18일에 군대를 동원해 총재 정부를 뒤집어엎고, 이후 황제 자리에 오른다.

죠. 그는 애초에 요동 정벌을 반대했는데요. 여기에는 이전 경험이 크게 작용한 것으로 보입니다.

김 선생 이성계는 우왕의 아버지인 공민왕 때 이미 요동 정벌 경험이 있습니다. 중국을 지배하고 있던 원나라가 새로 일어난 명나라에 밀려서 북쪽으로 퇴각하던 상황이었죠. 그래서 원나라 지배를 받던 요동 지방의 방어가 취약해졌습니다. 그 틈을 타서 고려에서는 시중이던 이인임을 총사령관으로 지용수, 이성계 등이 원정에 나서 요동성을 점령하지요. 하지만 식량 부족 등의 이유로 퇴각하고 맙니다.

국제 정세로 보면 고려의 동북쪽에는 여진족이 있었고, 배후의 왜구도 근심이어서 요동에 고려군의 전력을 투자하기 어려웠지요. 경제적으로 보면 요동은 농업 생산성이 낮아서 백성을 이주시켜도 자급자족하기 힘들었고요. 그렇다고 당시 고려가 풍족했던 국가도 아니었습니다. 14세기는 유라시아 대륙이 전체적으로 기후 여건이 좋지 않아 농업 생산성이 낮았거든요. 흑사병이 휩쓸고 간 시기고, 몽골 제국은 지폐인 교초의 남발로 인플레이션이 일어나면서 상공업이 파탄 나지요. 고려의 국제 무역 시스템도 무너집니다. 고려는 몽골 제국에 반기를 들고 일어났던 홍건적의 일파가 침입해서 수도까지 함락되기도 했죠. 흉작과 전염병과 전쟁으로 백성이 지친 상황이었으니 요동을 점령해도 유지하기 불가능했던 겁니다.

공민왕 때의 1차 요동 정벌이 1370년입니다. 위화도 회군을 가져온 2차 요동 정벌은 1388년이고요. 20년도 안 되는 기간에 고려의 군사력과 경제력이 갑자기 확 좋아진 것은 결코 아니었죠. 그래서 1차 요동 정벌을 경험했던 이성계로서는 요동 정벌 자체에 회의적일 수밖에 없었던 거죠.

지혜　　　그래서 이성계가 제시했던 것이 유명한 4불가론不可論인데요. 첫째, 작은 나라가 큰 나라를 쳐서는 안 된다. 둘째, 여름철에 군대를 동원하면 안 된다. 셋째, 왜구가 허점을 노려 침입할 수 있다. 넷째, 장마철이라 활의 아교가 녹고 전염병에 걸릴 수 있다. 이 네 가지입니다. 작은 나라가 큰 나라를 치면 안 된다는 논리가 사대주의로 매도되기도 하더군요. 자주적인 고려, 사대주의를 택한 조선이라는 프레임이 만들어지면서 오늘날의 조선 비판 근거가 되고요.

김 선생　　　사대주의라는 정치적 차원이 아니라 국력이라는 현실적 차원에서 볼 필요가 있습니다. 역사상 작은 나라가 큰 나라를 쳐서 이긴 경우도 종종 있기는 합니다. 마케도니아의 알렉산드로스가 아케메네스 페르시아를 삼킨 것이나, 아랍인이 명장 할리드 이븐 알 왈리드Khalid Ibn Al Walid의 활약으로 강대국이던 비잔티움 제국*과 사산조 페르시아를 격파한 것, 토번의 가르친링이 소라한산 전투에서

---

*　비잔틴은 형용사고, 비잔티움은 명사다. 그러므로 한국어로 쓸 때는 비잔티움 제국이 맞다.

당나라 대군을 전멸시킨 것 등등이죠. 하지만 이들의 경우에는 천재적인 장군이 있거나, 소수지만 병사가 정예였거나 하는 승리의 이유가 존재했습니다. 그런데 당시 고려가 명나라를 상대로 이길 수 있었을까요? 명나라는 남옥藍玉을 비롯한 명장이 즐비했고, 병사들은 숱한 전투에 단련되어 있었습니다. 물자도 고려에 비하면 거의 무한대였습니다. 병사를 직접 지휘하는 장군인 이성계가 반대하는 상황에서 무리한 원정을 추진한 것도 문제였죠. 이성계는 이기면 자신의 논리가 틀린 것을 증명하는 셈이 되고, 지면 패전 책임을 덮어써야 하니까요.

장마라는 조건은 명나라와 조선이 마찬가지인데 반대 이유가 되느냐는 의견도 있는데요. 장마철에는 장거리 이동을 하고 노숙을 해야 하는 원정군이 매우 불리합니다. 그래서 요즘 학자들 대부분은 이성계의 4불가론이 타당하다고 보고 있습니다. 비슷한 실력의 군대일 때, 공격군은 방어군의 대략 3배 전력을 갖추어야 하는데, 오히려 3분의 1도 안 되는 전력이었으니까요. 고려 군대가 압록강을 건넜다면 명나라 대군에게 전체가 몰살되고, 고려 본토까지 침략당할 가능성이 컸습니다.

위화도 회군이 이성계의 개인적 야망 때문이라는 견해도 있습니다. 실제로 이인임은 최영에게 이성계의 야망을 경계하라는 충고를 남기기도 했었죠. 그런데 이성계가 권력에 대한 야망이 커도 명분 없이 쿠데타를 일으키기는 어렵죠. 하지만 위화도 회군에는 충분한 명분이 있었던 겁니다.

지혜　　위화도 회군을 사대주의로 규정하는 것은 무리가 있군요. 현실 타당한 결정으로 볼 수밖에 없겠네요. 그런데 왜 최영은 무리한 전쟁을 고집해서 쿠데타의 명분을 주고 말았던 걸까요?

김 선생　　북진 정책은 고려 태조 왕건 이래 전통적인 국시였습니다. 명나라가 철령 이북의 땅을 요구하자 고려에서 반명 감정이 싹텄고요. 가만히 앉아 뺏기기보다 명나라의 주력군이 북원과 싸우는 틈을 타서 선제공격을 가해 오히려 요동을 점령하자는 전략이었죠. 당시 요동의 방비가 약했기에 단기적인 승리는 거둘 수 있다고 기대했겠지요.

약소국이 강대국을 상대로 선제 예방전쟁을 벌이는 경우는 종종 있습니다. 프로이센의 프리드리히 2세는 프랑스, 오스트리아, 러시아 3국에 외교적으로 포위되자 오히려 선제공격으로 위기를 타개하려고 했죠. 20세기의 일본도 국력이 몇 배나 강한 미국을 상대로 선제공격을 펼쳤고요. 하지만 프로이센은 초반 우세에도 불구하고 수세에 몰렸고, 러시아의 여제가 급사하는 행운이 따르지 않았다면 망하고 말았을 겁니다. 일본도 초반 우세를 잡았지만 결국 패망했고요. 약소국의 예방전쟁은 무리수로 귀결되는 경우가 많습니다.

더구나 이는 명나라의 요구를 오판한 것이었습니다. 명나라는 철령 이북의 땅을 강하게 탐낸 것이 아니라, 고려를 자기편으로 끌어들이는 것이 목적이었으니까요. 고려 전기 때 거란이 쳐들어올 것처럼 위협했다가 강동6주의 권리를 고려에 주고 동맹을 확보한 것과 같은 맥락에서 보면 됩니다. 그때 서희는 거란의 의중을 정확히 짚어서 협상을 이루어냈지요. 실제로 위화도 회군 이후 고려의 정책이 친명으로 기울자 명나라는 철령 이북의 땅을 더 이상 요구하지 않습니다.

2. 신진사대부는 존재했는가?

지혜 위화도 회군의 주역은 이성계입니다만, 그를 지지한 신진사대부가 있었기에 정권 획득과 유지가 가능했습니다. 위화도 회군 이후 친원 세력인 권문세족을 내몰고 친명 세력인 신진사대부가 권력을 장악했다는 것이 예전의 통설이었지요. 최근에는 이 통설에 이의를 제기하는 주장이 나왔더군요. 사대부 자체가 이전부터 존재했는데, 이 시기 사대부를 따로 신진이라고 부를 근거가 무엇이냐는 주장도 있고요.

김 선생 권문세족은 산과 강을 경계로 할 정도로 대규모 토지를 가졌고, 신진사대부는 지방에 소규모 토지를 가졌다는 인식이 있었는데요. 신진사대부 중에서도 대규모 토지를 가진 사람이 적지 않습니다. 권문세족은 가문의 힘을 이용한 음서제로, 신진사대부는 실력이 중요한 과거제로 관직에 진출했다는 인식도 현실과 다릅니다. 권문세족으로 분류된 가문에서도 과거제로 진출한 경우가 많았습니다. 신진사대부의 상당수가 원나라 유학파로 친원 경향이 있기도 했고요. 권문세족 중에서도 이성계를 지지한 사람이 많았습니다.

대표적으로 조준은 권문세족 출신으로 대규모 땅을 소유했음에도 적극적으로 토지개혁과 조선 왕조 개창에 앞장섰지요. 조준 외에도 조선 개국 공신 중 절반이 권문세족 집안 출신이었습니다. 신진사대부로 분류되는 사람 중에서 조선 개창을 반대한 사람도 많았고요. 그 점에서 권문세족과 신진사대부로 칼같이 나누기는 어렵습니다.

사실 정치 집단은 이념이나 출신별로 확연히 갈라지기보다는 뒤섞이는 경우가 많습니다. 프랑스 혁명의 예를 들어볼까요. 프랑스 혁명은 예전에는 성직자와 귀족 계급에 맞서 부르주아들이 일으킨 혁명으로 알려져 있었습니다. 그런데 프랑스의 귀족은 부르주아 출신이 귀족 지위를 얻은 경우가 많았습니다. 혁명 당시 부르주아의 편에 섰던 귀족도 제법 되었고요. 부르주아로 분류된 사람들도 관직과 토지 취득을 목표로 하는 귀족 성향이 강했습니다.

고려 말 상황도 마찬가지로 보입니다. 다만 이성계와 함께한 사람 중에 가장 핵심적 인물이 정도전이라서 그의 이미지가 신진사대부를 대표하게 된 것이지요. 정도전은 경북 봉화에 뿌리를 둔 향리 집안 후예고, 친명 노선을 주장하다가 관직에서 쫓겨나 떠돌았던 경력이 있으니까요.

지혜　　　　권문세족과 신진사대부의 경계가 애매하지만 그래도 정도전을 비롯한 이성계 지지 세력이 토지개혁을 한 사건은 매우 중요한데요. 당시에 워낙 양극화가 심했고, 민생이 도탄에 빠진 상황에서 토지개혁은 필수적인 과제였다고 생각합니다. 이 개혁이 조선 개창의 명분과도 직결되는 문제니 자세히 살펴보죠.

김 선생   정도전은 모든 토지를 국유화하는 급진적인 방안을 생각했습니다. 토지를 똑같이 나누는 일은 동아시아에서 오랜 염원이었습니다. 중국 고대 주나라에서 토지를 정井자 모양으로 나누어 경작한 정전제井田制는 이상적인 모델로 간주하였고요. 전한을 찬탈한 왕망은 호족이 토지를 독점하는 현상을 타파하고자 전국의 토지를 국유화한 후에 고루 분배하는 왕전제王田制를 시행합니다. 호족의 반발로 실패하지만요. 하지만 후한 말기부터 다시 토지 집중이 심해지자 북위부터 당나라 전기 시대에는 농민에게 땅을 골고루 나누어주는 균전제均田制가 시행되었지요. 근대에도 태평천국이 천조전무제天朝田畝制를 내세우며 토지를 고루 나누려고 했고요.

    이렇듯 권력층이 토지를 독점하면 백성의 삶이 힘겨워지고, 왕조를 새로 건국하려는 세력이 토지개혁을 내세워 민심을 얻는 경우는 역사에서 계속 반복되었습니다. 다만 그 토지개혁이 어느 정도 크기로 이루어지느냐가 중요합니다. 정도전은 완전한 토지공영제를 생각했으나, 반발이 적지 않아서 현실은 한발 물러선 과전법으로 시행됩니다. 이때 대표적 성리학자*로 선비 이미지를 가졌던 이색도 토지개혁에 반대했습니다. 이색은 대토지를 소유하고 있었거든요.

과전법은 조준이 내세운 안이었습니다. 이로써 권문세족의 토지가 대거 몰수되었으나, 일부 세력가는 오히려 조선 개국과 함께 공신전이란 이름으로 토지를 받아 재산을 늘렸습니다. 가장 큰 혜택을 본 사람은 물론 조준이었죠. 자신도 개혁 대상인데 오히려 기득권을 강화하는 내로남불 자세를 보인 것이지요. 하지만 이성계 지지 세력은 토지개혁을 통해 국가 재정수입 증대, 민생 안정, 민심의 확보에 어느 정도 성공합니다.

* 성리학은 유교의 한 갈래로, 남송의 주희가 집대성하였다. 이전의 유학인 훈고학이 공자의 경전을 해석하는 도덕 윤리였다면, 성리학은 우주의 이치를 탐구하는 형이상학적인 면이 있었다. 하지만 성리학은 당나라 후기에 과도하게 팽창한 불교와 도교가 가진 비현실적 주술에 맞서 논리적인 탐구를 지향했다. 고려 말에 안향이 유입하였고, 이색이 정몽주, 정도전, 길재 등 제자를 대거 길러내서 조선의 중심 사상이 되었다.

3. 굳이 왕위를 빼앗아야 했는가?

지혜　　　지금까지 얘기를 정리해보겠습니다. 위화도 회군은 당시 국력을 감안하면 부득이한 선택이었다. 그리고 토지개혁은 필요한 정책이었는데 이성계 지지 세력이 불완전하지만 해냈다. 여기까지만 보면 나쁘지 않은 상황인데요. 문제는 이성계가 정권의 실세로만 그치지 않고 아예 새로운 왕조를 세워버린 것입니다. 과연 그래야 했을까요?

김 선생　　　흐름이 그렇게 갈 수밖에 없었죠. 이성계는 위화도 회군 이후 총사령관이던 최영을 죽입니다. 군대를 확실하게 장악하기 위해서는 부득이한 조치였죠. 아니면 이성계 자신이 반격을 받아 죽을 가능성이 크니까요. 최영이 죽고 군대 통제권을 잃어버린 우왕은 환관들을 동원해 이성계를 기습하지만 실패합니다. 칼을 직접 맞대었으니 우왕은 폐위될 수밖에 없었지요. 우왕의 어린 아들인 창왕이 왕위에 오르는데, 아버지를 내쫓은 이상 아들이 장성하면 곤란하니 창왕도 몰아내는 방법밖에 없었습니다. 이들을 폐위한 명분은 우왕이 공민왕의 아들이 아니라, 승려인 신돈의 아들이라는 것이었죠. 신돈이 자신의 여자를 공민왕에게 보냈고, 우왕은 신돈과 그 여자 사이에서 태어난 아이라는 주장입니다. 오늘날 다수 학자는 우왕이 공민왕의 친자식이라고 생각하고 있습니다. 하지만 당시 이성계로서는 다른 선택지가 없었을 겁니다. 여기까지는 위화도 회군 이후 예정된 수순이었다고 봐도 될 것 같습니다.

이성계는 창왕 폐위 이후 고려 왕실 일가 중에서 공양왕을 왕으로 추대합니다. 공양왕의 동생이 이성계와 사돈인 점이 반영된 것 같습니다. 중요한 것은 이 지점부터인데요. 이성계에게는 두 가지 길이 있었습니다. 하나는 공양왕 밑에서 실세로 군림하는 것이고, 하나는 공양왕으로부터 왕위를 넘겨받는 것이지요.

그동안 고려에서는 권신이 권력을 장악한 사건이 여러 번 있었습니다. 초기에 강조康兆가 목종을 죽이고 현종을 옹립했습니다. 고려 중기의 이자겸도 난을 일으켰을 때 왕이 될 기회가 있었고요. 무신정권 시기에는 무인이 왕보다 권력이 훨씬 강했고, 왕을 갈아치우기도 했죠. 하지만 이들 모두는 왕이 될 명분이 부족했고 백성의 지지를 받지도 못했기에, 실세로 군림했을 뿐 왕위를 무리하게 차지하지 않았습니다.

반면 이성계는 홍건적과 왜구를 물리치면서 쌓은 전공이 컸고요. 지금의 함경도 지방인 동북면을 거의 독립적으로 경영한 바도 있었고, 가졌던 사병 숫자도 매우 많았습니다. 새로운 국가의 틀을 제시하는 정도전이라는 브레인도 있었고요. 위화도 회군으로 인해 명나라의 인정을 받기도 좋았습니다. 즉 이성계는 고려 왕조의 다른 권신보다는 왕위에 오르기에 여러모로 유리한 위치에 있었습니다.

하지만 그것이 왕위에 오를 정당성을 주는 것은 결코 아니지요. 이성계가 왕위에 오르기 위해서는 고려 왕실 자체가 치명적인 과오가 있어야 하는데, 그렇지 않았거든요. 여기서 이성계 지지 세력이 둘로 갈라집니다. 명분을 중시하여 왕조 개창에 반대하는 세력과, 현실의 이익을 위해 새 왕조를 열자는 세력이지요.

지혜　　　흔히 교과서에서는 이 시기에 정몽주를 비롯한 온건파는 고려의 틀을 지키면서 개혁하자고 했고, 정도전을 비롯한 급진파는 새 왕조 개창을 주장했다고 설명하고 있지요. 결국 이성계의 아들 이방원이 부하를 동원해 정몽주를 죽이면서 온건파가 몰락하고 조선 개국이 이루어집니다. 가뜩이나 왕위에 오를 명분이 부족한데, 정몽주까지 죽였으니 명분이 더욱 없어졌겠네요.

김 선생　　　그렇죠. 정몽주는 최고의 성리학자이면서 유능한 재상이었습니다. 법률과 경제와 행정에 두루 뛰어났지요. 명나라와 일본을 오가면서 외교 능력을 발휘했고요. 젊었을 때 이성계의 황산대첩에 참전했던 적이 있을 정도로 군사 분야의 식견도 있었죠. 무엇보다 인품이 뛰어나서 많은 사람의 존경을 받았습니다.* 즉 정몽주는 고려의 구심점이었습니다.

정몽주는 고려를 지키는 쪽을 택했습니다. 정몽주는 이성계가 말에서 떨어져 부상을 입은 사건을 기회로 여겨 정도전 등 급진 세력을 대거 탄핵합니다. 급진 세력은 허수아비로 생각했던 공양왕이 정몽주와 함께 자신들을 공격하자 위기의식을 느끼고 일을 빨리 도모해야겠다고 생각합니다.

결국 이방원이 부하를 시켜 정몽주를 살해하는데요.** 반대파를 제거하더라도 법적 형식은 갖춰야 하는데, 테러를 해버렸으니 개경 백성들의 지지를 대거 잃어버렸지요. 이제 급진 세력은 어차피 명분은 없어졌으니 더 이상 잴 것 없이 욕망을 그대로 드러내는 길을 택합니다. 서둘러 찬탈하고 새 왕조의 비전을 보여주며 결과로 승부할 수밖에 없었던 것이지요. 이성계는 왕대비의 손을 빌려 공양왕을 파면하는 형식을 취하고 왕좌를 빼앗습니다. 얼마 후 공양왕은 죽임을 당하게 되고요.

지혜 이성계가 왕위를 탐내지 않고, 장군 직위에만 계속 머물렀다면 어땠을까요? 일례로 당나라 중기의 곽자의郭子儀를 생각해

---

* 정몽주의 능력은 성리학자들이 정몽주를 충신의 표본으로 모시면서 과장되었다는 견해도 있다.

** 이방원은 구체적 실행을 지시했을 뿐, 결정은 이방과 등 더 연장자가 했을 것이라는 주장도 있다.

볼 수 있겠는데요. 당시 당나라는 안사의 난*으로 인구가 격감하고, 토번의 공격을 받는 등 위기의 연속이었습니다. 그런데 곽자의가 안사의 난을 진압하고, 토번도 막아내지요. 그 결과 고위직에서 부와 명예를 한껏 누렸고 충신으로 역사에 이름을 남기죠. 이성계는 곽자의의 길을 갈 수는 없었을까요?

김 선생 권력의 속성상 쉽지 않았을 겁니다. 역사는 가정을 허락하지 않지만, 굳이 상상해본다면 이성계가 욕심을 버렸어도 이방원이 그냥 있지는 않았겠죠. 후한의 조조가 온갖 권력을 누리면서도 옥좌는 건드리지 않았지만, 그 아들 조비는 결국 황제의 자리에 올랐잖아요. 아마 이방원 대에서 고려 왕실을 무너뜨렸을 가능성이 큽니다. 정도전도 이방원과 함께 새 왕조를 세우고자 했을 거고요. 위화도 회군부터 조선 왕조 개창까지는 이성계 개인의 의지도 작용했겠지만, 호랑이 등에 탄 것처럼 시대적 흐름이 그렇게 몰고 갔다고볼 수 있을 겁니다. 정치에는 누구도 거역할 수 없는 무서운 흐름이 있거든요.

다만 새 왕조 개창에서 피를 많이 본 것은 문제입니다. 이성계는 선양 형식을 취하고 싶었을 겁니다. 공양왕이 덕이 부족함을 핑계로 왕위를 넘겨주면 마지못해 받아들이는 형식 말이지요. 선양은 요

---

* 현종 때 일어난 안녹산과 사사명의 반란이다. 양귀비의 총애를 받던 안녹산과 양귀비 친척 오빠인 양국충의 갈등이 직접적 원인이었다. 이 반란으로 당나라 호적 인구는 3분의 1로 줄어든다.

순시대부터 내려온 전통으로, 중국의 역대 황제들은 새 왕조를 개창할 때 이러한 형식을 선호했습니다. 선양을 받으면 전 황제의 목숨을 살려준 경우도 여럿 있었습니다. 후한의 마지막 황제와 조위曹魏*의 마지막 황제는 즉위 때부터 허수아비였기에 선양 후에 오히려 마음 편하게 잘 살았습니다.

중국에서 가장 아름다운 선양 사례는 후주後周**에서 송으로 넘어갈 때입니다. 송나라 태조는 옥좌를 넘겨준 후주 황제 가문을 멸하지 않은 것은 물론이고, 후주의 황가를 잘 보살필 것을 돌에 새긴 유훈으로 후임 송나라 황제들에게 남겼습니다. 덕분에 후주의 황실 집안은 대대로 고위직을 역임했고, 송나라가 몽골의 침입으로 망할 때 마지막 전투에서 함께 싸우며 최후까지 같이 했습니다.

중요한 것은 고려 사대부들 정신에서 송나라가 차지하는 비중입니다. 문치주의를 시행했던 송나라는 사대부의 나라였습니다. 황제가 직접 과거 시험 문제를 출제했고, 과거제에서 뽑힌 인재가 국가와 황제에게 충성을 다하는 시스템이 갖추어진 나라였습니다. 멸망할 때도 문천상을 비롯한 많은 사대부가 몽골의 회유를 마다하고 죽음을 택했지요. 중국 역사를 통틀어 가장 절의를 중시했던 국가가 송나라입니다. 그런데 송은 960년부터 1279년까지 존속했고, 고려는 918년에서 1392년까지 존속했습니다. 고려의 사대부들은 송나라

---

* 조조와 그 아들 조비가 세운 나라. 삼국지연의에 나오는 위나라다.
** 당나라가 망하고, 송나라가 세워지기까지 중원에 5개의 왕조가 연이어 서고, 지방에 10개의 왕조가 분립하는데 이를 5대10국 시대라 한다. 후주는 5대의 마지막 왕조다.

멸망 때 사대부가 어떻게 처신했는지를 너무나 잘 아는 사람들이었습니다.

고려 왕실과 이성계가 후주와 송의 관계처럼 될 것이란 기대가 있었다면 사대부들은 이성계를 지지했을 수도 있습니다. 하지만 정몽주에게 행한 테러와 선양 절차를 제대로 거치지 않은 것은 그런 기대를 날려버렸습니다. 결국 고려의 많은 사대부가 벼슬을 마다하고 고향으로 내려가는 길을 선택합니다. 조선 건국에 명분이 없다고 생각했으니까요. 이 점은 조선 왕조의 개창은 물론이고 이후까지도 큰 부담이 됩니다.

위화도 회군에서 조선 건국까지 4년입니다. 매우 빠르게 전개되었지요. 조위의 사마의는 고평릉사변高平陵之變을 통해 조씨 일가를 제거하고 권력을 잡았지만, 16년 후에야 손자 사마염이 비로소 황제의 자리를 빼앗은 사례를 생각해볼 필요가 있습니다. 일본의 도쿠가와 이에야스도 1600년에 세키가하라 전투로 실권을 장악했지만, 1615년에야 도요토미 가문을 멸망시킵니다. 고려는 500년 가까이 존속한 왕조였는데 지나치게 빠른 찬탈 과정은 당시 사람들이 수긍하기 어려웠다 봐야겠지요.

지혜   정리하면 위화도 회군은 타당했다, 일단 쿠데타를 한 이상 새 왕조 개창까지는 어쩔 수 없는 수순이었다, 하지만 그 과정에서 명분을 충분히 확보하지 못했기에 지지를 받지 못해 건국 이후까지 부담이 되었다. 이렇게 봐야겠네요.

김 선생   프랑스 혁명 당시에 이런 말이 있었죠. '루이 왕은 무죄일 수도 있다. 그러나 루이가 무죄면 혁명이 유죄가 될 것이다. 지금에 와서 혁명을 유죄로 만들 수는 없다. 그러니 루이가 죽어야 한다'. 어쩌면 고려 말의 상황도 같은 흐름이었을 겁니다. 위화도 회군을 유죄로 만들 수 없으니 고려는 망해야 했습니다.

지혜   결국 고려가 망하고 조선이 건국됩니다. 그런데 조선은 건국 이후에도 한동안 피바람이 몰아치죠.

김 선생   이성계는 1392년에 공양왕을 끌어내리고 직접 왕으로 즉위합니다. 이어 고려 왕족들을 대거 살해하는데 그것도 명분이 없는 행위였습니다. 물론 세계사에는 이전 왕조의 혈통을 몰살시킨 사례가 매우 많습니다. 특히 중국의 5호16국* 시대에는 그렇지 않은 경우를 찾기 어렵습니다. 일례로 석호의 양손자였던 염민은 석호 사후 벌어진 권력쟁탈전에서 석호의 후손을 모조리 죽인 수준을 넘어서, 갈족 전체를 몰살시켜버렸지요. 하지만 5호16국 시대는 윤리의식이 취약했고, 이민족들이 엉켜 있던 시기였어요. 세계 다른 지역으로 눈을 돌려 보죠. 서아시아의 아바스 가문은 우마이야 왕조**에 반기를 들고 일어나 새 왕조를 수립한 후에 우마이야 집안을 도륙합니다.

---

*   위·촉·오로 갈라진 삼국은 서진으로 통일된다. 그러나 흉노, 갈, 강, 저, 선비족이 북쪽과 서쪽에서 쳐들어와 대혼란이 벌어지는데 이를 5호16국 시대라 한다. 보통 16국이라고 하지만, 초단기에 멸망한 국가를 합치면 그보다 많다.

간신히 도망친 이들을 제외하면 우마이야 일가는 모두 살해되죠. 하지만 이 경우도 우마이야와 아바스가 내전을 벌인 후에 발생한 학살이고 반 우마이야 진영에는 종교와 민족 갈등을 가진 세력이 많았습니다. 그런데 조선은 충성을 강조하고, 인의예지신을 중시하는 유교 윤리를 명분으로 내세운 나라였으니, 명분 없는 학살은 비판의 대상이 될 수밖에 없죠.

지혜　　세계사의 다른 학살 사례와 달리 필요 이상으로 무자비했다는 것이네요.

김 선생　　백제와 고구려가 망할 때 마지막 왕인 의자왕과 보장왕은 목숨을 유지했습니다. 신라의 마지막 왕 경순왕과 후백제의 왕 견훤은 망국 후에도 고려 태조 왕건에게 예우를 받았습니다. 궁예는 기록에 따르면 왕건이 아니라 백성들의 손에 죽었습니다. 한국사에서 조선이 이전 왕조를 가장 처참히 대했습니다. 이성계가 고려의 신하로 있을 때 원한을 품을 만한 사건이 없었는데도 말입니다.

지혜　　여기까지 보면 조선의 건국 정당성은 더욱 약해집니다. 그런데 이를 뒤집을 만한 조선의 업적은 무엇일까요? 히틀러는 합법

** 　기원후 661년에서 750년까지 있었던 왕조. 옴미아드라고도 한다. 서쪽은 포르투갈과 모로코, 동쪽은 파키스탄에 이르는 광대한 영토를 차지했다.

적 선거로 집권했지만 독재자가 되었습니다. 반면 나폴레옹은 쿠데타로 집권했지만, 구체제를 타파한 개혁을 함으로써 위인으로 꼽히고 있습니다. 조선 건국 세력은 나폴레옹처럼 해냈을까요? 그 점을 살펴봐야겠네요.

4. 조선의 시스템은
성공했는가?

김 선생　　　이성계와 나폴레옹은 은근히 공통점이 많습니다. 둘 다 국가의 최변방에서 출생했습니다. 외국과 전쟁에 승리한 장군이었고, 쿠데타로 권력을 잡았습니다. 권력을 잡았을 때 국가는 구체제의 모순에서 헤어나지 못하고 있었고요. 그래서 본인이 즉위한 후 체제를 뜯어고쳤습니다. 조선은 명분 없이 건국되었으나, 건국 후 새로운 세상을 만드는 데 성공했습니다. 나폴레옹이 근대 사회를 확립했듯이 말입니다.

조선은 중세 사회였던 고려에서 벗어나 근세 사회로 진입했습니다. 유럽사에서는 보통 역사 발전 단계를 선사-고대-중세-근대-현대로 얘기합니다. 그런데 중세 말기에서 근대 초기 사이의 과도기를 근세로 따로 명명하는 경우가 있습니다. 중세가 봉건적 지방분권의 시기였고, 근대가 시민계급이 주도하는 민주주의가 등장하는 시기라면, 근세는 안정된 시스템을 갖춘 중앙집권 시기입니다. 일본의 경우 일반적으로 에도 바쿠후 시대,* 중국은 송나라부터 청나라까지, 한국은 조선 시대를 근세로 보고 있습니다. 인도는 무굴제국, 서아시아는 사파비 왕조와 오스만 제국이 근세에 해당합니다. 그 점에서 한국은 근세 진입이 중국보다는 조금 느렸지만, 나머지 모든 지역보다는 더 빨랐습니다.

권문세족과 신진사대부의 경계가 없었다는 점에서 조선도 중세의 연장이라 보는 견해도 있습니다. 지배 계층이 크게 변하지 않았고, 고려는 불교, 조선은 성리학이라는 등식도 불완전하니까요. 하지만 다음 사항에 초점을 맞추어 보면 조선을 근세로 간주하는 게 무난해 보입니다. 체계화된 관료제, 전국의 모든 군현에 지방관 파견, 중세보다 늘어난 신분 상승 기회, 세습 귀족이 아닌 능력 위주의 인재 등용 시스템, 성문 법전 편찬 등입니다. 조선 건국 세력은 이런 업적을 이루어냈다는 점에서는 높이 평가받을 수 있습니다. 조선 전체를 관통했던 사상인 유교적 민본주의도 이 당시에는 통치이념으로 적합한 사상이었습니다.

한국처럼 왕조 구별이 뚜렷한 나라는 굳이 중세, 근세 같은 방식으로 시대 구분을 할 필요가 없다는 의견도 있습니다. 그런 관점을 받아들인다 해도 조선의 시스템이 고려보다 발전했다는 사실에는 이견이 없습니다.

---

* 서양사에서 먼저 성립한 Early Modern period를 번역해서 자국의 시대에 맞추다 보니 학자에 따라 이견이 생길 수밖에 없다. 일본의 근세를 센코쿠 시대나 아즈치모모야마 시대부터로 보는 사람도 있다.

지혜　　　개국 과정의 부족한 정당성을 이후 우수한 시스템으로 만회했다고 말할 수는 없겠지요. 과오는 과오대로, 업적은 업적대로 평가해야 할텐데 과오와 별개로 업적은 훌륭했다는 것이네요.

김 선생　　　소인은 사람을 논하고, 보통 사람은 사건을 논하며, 현명한 사람은 사상과 시스템을 논한다고 합니다. 역사를 처음 접할 때도 초등학생은 사람을 다룬 위인전부터 시작하고, 역사를 공부하면서는 사건에 몰두하기 쉽고, 어느 정도 식견을 갖추면 사상과 시스템을 보게 됩니다.

　　가령 2차 세계대전의 원인이 무엇이냐고 물었을 때 초등학생은 히틀러가 나쁜 놈이라 전쟁을 일으켰다고 답할 것이고, 일반인은 나치 독일의 폴란드 침공이 원인이라고 답할 것입니다. 하지만 역사를 공부한 사람이라면 2차 세계대전은 미국, 영국, 프랑스의 자유시장주의와 독일, 이탈리아, 일본의 국가독점자본주의와 소련의 공산주의, 이렇게 서로 다른 세 체제의 대결이라고 답할 것입니다. 역사에서 가장 중요한 것은 사상과 시스템입니다.

지혜　　　조선이 발전된 시스템을 구축한 데는 정도전의 역할이 지대했겠지요?

김 선생　　　그렇죠. 프랑스 혁명에 가장 크게 영향을 끼친 사람을 꼽으라면 누가 있을까요? 시에예스, 라파예트, 미라보 백작, 로베스피에르 등 여러 이름을 거론할 수 있지만 딱 한 명 택하라면 이념을 제공한 사상가 장 자크 루소Jean Jacques Rousseau일 겁니다. 로베스피에르는 '루소의 피에 물든 손'이었으니까요. 같은 선상에서 얘기하면 러시아 혁명에 가장 영향을 준 사람은 공산주의 혁명 이론을 제시한 마르크스일 겁니다. 춘추전국시대 통일은 진시황이 법가 사상가를 등용해서 이룩했다고 얘기되지만, 법가가 진시황을 이용해서 이룬 것으로 볼 수도 있습니다.

이렇게 보면 조선의 사상과 시스템을 제공한 정도전은 실질적인 건국자입니다. 과감하게 말하면 조선은 이성계의 무력을 빌려 정도전이 세운 나라인 것이지요. 정도전의 개혁은 11세기 송나라 왕안석의 개혁 시도 이후 동아시아에서 가장 큰 시도였다고 주장하는 학자가 있는데요, 정도전이 왕안석 이상이라 여겨집니다. 왕안석은 반대세력과의 당쟁만 치열했을 뿐 개혁에 실패했지만, 정도전은 500년 이어진 나라의 기틀을 만들었습니다. 정도전이 왕안석을 소인이라 평가절하한 것은 나름대로 근거가 충분했던 겁니다.

지혜   그런데 정도전은 이방원에게 제거되잖아요. 그 뒤 조선 왕조 내내 종친모해죄인으로 있다가 흥선대원군 때에야 비로소 명예가 회복됩니다.

김 선생   앞서 말했듯이 조선 건국 후 정도전은 새로운 세상을 건설해갑니다. 그러나 외교와 후계자 선정에서 문제가 생겼고, 결국 정도전은 살해되는 비운을 맞고야 맙니다.

　조선은 건국 당시 명나라와 우호적이었습니다. 조선이라는 국호부터가 명나라 황제가 정해준 것이죠. 이성계는 조선과 화령이라는 두 국호를 명나라에 보냅니다. 명나라는 그중에 조선을 선택하지요. 명나라가 조선을 선택한 이유는 중국 고대 상나라 사람이었던 기자箕子가 조선 제후로 책봉된 예를 감안해서였다고 합니다. 즉 조선은 명나라의 책봉을 받는 제후국이라는 인식을 확실히 하겠다는 것이었죠. 기자조선의 실재는 논란의 여지가 있으나 명나라는 그것을 사실로 여기고 있었거든요. 참고로 오늘날 조선을 비판하는 사람들은 이점을 많이 지적합니다. 고구려에서 이름을 따온 자주 국가 고려의 이름을 버리고 상국을 모셨다는 것이죠.

　하지만 정도전은 무조건 사대주의자는 아니었습니다. 얼마 후 명과 조선의 관계가 악화하고 명나라 황제 주원장은 정도전을 제거하려고 합니다. 이에 정도전은 오히려 3차 요동 정벌이라는 카드를 꺼내듭니다. 실제 행할 생각이라기보다는 이를 명분으로 실력자들이 보유한 사병을 정부군으로 흡수하여 군권을 완전히 확보하겠다는 정치 전략이었을 겁니다.* 조정의 대부분이 반대했지만, 정도전은 군대 조직을 개편하고 훈련을 시작합니다. 이 점이 사병을 확보하고 있던 이방원에게는 위협으로 다가온 것이지요.

---

*　정도전이 실제로 요동 정벌을 결행했을 것이란 주장도 있다. 당시 명나라 황제 주원장은 나이가 많았고, 그의 사후 후계를 놓고 내전이 벌어질 가능성이 크니, 그때를 틈타 진격하자는 것이다. 실제로 내전이 벌어졌다.

더구나 세자가 이성계의 막내아들 이방석으로 결정된 상황이었습니다. 이방석의 배후가 정도전이었고요. 이방원은 정몽주를 죽일 때처럼 또 과감한 결단을 내립니다. 기습해서 살해하는 선택을 한 것이죠. 일명 '1차 왕자의 난'이 일어났고, 정도전은 이방원에게 죽음을 맞습니다.

하지만 정도전 개인의 죽음이 곧 그가 설계한 세상의 실패는 아닙니다. 이방원과의 대결은 권력 다툼이었을 뿐, 이방원은 태종으로 등극한 후에 정도전의 정책을 대부분 이어나갑니다. 이방원은 정도전을 죽이기는 했지만, 그 아들은 오래지 않아 복권했습니다. 후일 아들 정진은 형조판서, 증손자 정문형은 정승까지 지냈지요. 연좌제가 버젓이 있는 시대에, 아들이 법을 다스리는 형조의 판서로 임명되었다는 것은 정도전이 죄가 없다는 것을 반증합니다.

흔히 정도전은 오늘날의 입헌군주제와 비슷한 신권 정치를 꿈꾸었고, 이방원은 강력한 왕권 정치를 도모했다고 알려져 있습니다. 그런데 정도전이 왕을 단순한 명예직으로 생각한 것은 아니었죠. 애초에 이성계와 정도전의 관계는 제환공과 관중*, 유비와 제갈량의 관계처럼 서로 믿고 지원하는 형태였습니다. 그리고 오래지 않아 조선에는 정도전이 생각한 시스템을 갖춘 국가가 완성됩니다. 바로 세종 시절이죠.

---

* 제환공은 춘추시대에 제나라를 강대국으로 만든 사람이다. 그의 재상이 바로 관포지교로 유명한 관중이다.

물론 세종 개인의 영명함과 이를 알아보고 후계자로 지명한 태종의 판단력도 큽니다. 하지만 세종의 통치는 정도전의 머리에서부터 출발했던 겁니다.

지혜　　　여기까지 정리하면, 조선 왕조의 개창은 너무 서둘러 명분을 확보하지 못했기에 문제였다. 하지만 조선은 정도전이 우수한 시스템을 만들었고 이는 세계에서 가장 앞선 편이었다. 이렇게 얘기할 수 있겠네요. 물론 정도전도 세종도 노비제도를 없애지는 않았습니다만, 그것은 세계의 다른 국가도 마찬가지였으니까요.

김 선생　　　그렇죠. 당시 지구 어디에나 신분차별, 성차별, 가부장적 가족제도가 존재했고, 14세기 말의 조선은 다른 나라와 비교하면 심하지 않았습니다. 나중에는 국가 발전에 장애가 되었다는 말을 듣지만, 당시는 유교적 민본주의가 매우 우수한 국가 이념이었습니다. 17세기에서 18세기 초에 중국을 방문했던 유럽 선교사들은 중국의 황제가 운영하는 시스템을 보고 감탄했는데요. 아마 15세기 유럽인이 조선을 방문했다면 더욱 놀랐을 겁니다. 그 당시 유럽의 낙후된 시스템과 비교해서 말입니다.

지혜　　　이제 조선 건국 전후의 역사를 살폈던 이 단원의 마무리를 해보겠습니다. 14세기 조선에는 태조(1392-1398)와 정종(1398-1400). 두 명의 왕이 존재했습니다. 왕자의 난 이후 이성계는 상왕으로 물러나고, 이방과가 정종으로 즉위합니다. 개국 전후에 손에 피를 많이 묻혔던 이방원은 아버지를 내몰았다는 부담만큼은 슬쩍 우회하고 싶었던 것이죠. 정종은 권력 기반이 전혀 없었기에 오래 되지 않아 왕위를 넘겼고, 위화도에서 시작된 권력 투쟁의 최후 승리자 이방원이 태종으로 즉위합니다.

15세기,
누가 성군이고
누가 폭군인가 ?

지혜　　　15세기 조선은 태종에서 연산군 초반까지의 시기입니다. 재위 기간을 보면 태종(1400-1418), 세종(1418-1450), 문종(1450-1452), 단종(1452-1455), 세조(1455-1468), 예종(1468-1469), 성종(1469-1494), 연산군(1494-1506)입니다.

일반적인 극본은 발단, 전개, 위기, 절정, 결말의 순으로 이어집니다. 하지만 조선사는 발단 다음에 바로 절정이 놓이는 양상이네요.

15세기는 조선의 절정이면서 한국사 전체를 놓고 봐도 8세기 초 신라 성덕왕 시대, 11세기 중반 고려 문종 시대와 더불어 가장 번영했던 시대입니다. 이 시기에 조선이 융성한 이유가 무엇일까요?

김 선생　　　첫 번째로 국제 정세를 꼽을 수 있습니다. 외부 요인부터 거론하는 게 뜻밖일지 모르지만 그게 가장 중요한 이유입니다. 고대부터 한국사의 가장 큰 사건은 외부 요인에 의해 만들어졌거든요. 조선 건국부터가 원명 교체기였기에 가능했습니다. 외국이 팽창을 시도해서 위기를 겪은 경우도 많았지요. 고조선은 한나라에, 백제와 고구려는 당나라에 망했잖아요. 발해는 거란에 망했고, 조선은 일본에 망했습니다. 분수령이 된 사건도 외국과 관련된 경우입니다. 고려에 가장 큰 영향을 끼친 사건은 몽골 침입이고, 조선사를 전후로 나눌 때 경계는 임진전쟁입니다. 반면 외국이 약해진 틈을 타서 강성해진 때도 있었습니다. 고구려는 중국이 위진남북조 시대의 혼란을 겪는 틈에 성장했고, 발해는 당나라가 토번의 공격을 받는 틈에 독립을 이룰 수 있었습니다.

외국의 영향이 절대적인 이유는 한국이 약소국이라서 그런 것은 결코 아닙니다. 중원 국가들도 흉노, 선비, 돌궐, 위구르, 토번, 거란 등 다른 민족과 계속 엄청난 영향을 주고받았습니다. 유럽이나 서아시아 등 세계 다른 지역도 마찬가지입니다. 지정학적으로 고립된 몇몇 국가를 제외하면 대부분 국가에 가장 큰 변수로 작용하는 것은 국제 정세입니다. 외부로부터 아무 영향이 없었다면, 그 없음 자체를 분석해 봐야 합니다. 혼자 고립되어 뒤처지고 있을 가능성이 크니까요.

국제 평화를 통해 동반 번영을 누린 경우도 있습니다. 8세기 초 신라의 융성은 같은 시기 당나라가 현종의 개원의 치開元之治를 통해 평화로운 번영을 누리고 있었던 것이 큰 요인입니다. 11세기 고려 문종의 치세도 동아시아가 평화 상태인 것이 주된 요인입니다. 만약 그때 중국이 팽창 정책을 펴는 시점이었거나, 내란으로 어지러운 시점이었다면 한반도에도 불똥이 튀었을 겁니다.

동아시아는 기후 요건이 비슷하고 무역을 했기에, 같은 시기에 경제적 타격을 받는 일도 있었습니다. 당나라 멸망(907)과 발해 멸망(926), 신라 멸망(935)이 같은 시대고, 원명 교체기와 고려-조선 교체기가 같은 시대라는 것도 주목해야죠. 11세기 송나라의 경제 번영과 고려의 풍요 원인에는 그때가 중세 온난기로 기후가 매우 좋았다는 것이 결정적입니다. 기후가 좋으니 농업 생산이 증가하고, 잉여 생산력은 국내 상업뿐 아니라 무역 발전으로 연결되죠. 무역을 하면 기술도 전파되고요. 이런 맥락에서 15세기 조선 절정에는 당시 명나라 및 일본과의 관계가 가장 큰 이유였다는 것입니다.

지혜　　　그렇군요. 그럼 15세기 명나라와 조선의 관계를 더 구체적으로 살펴보죠. 14세기에 약간 불편했는데, 15세기에는 조공 체제로 잘 유지되네요.

김 선생　　　명나라는 초대 황제인 홍무제* 주원장이 죽은 후에 손자 건문제가 황제로 즉위합니다. 그런데 주원장의 넷째 아들이자 건문제의 숙부였던 주체朱棣가 반란을 일으키죠. 내전은 주체의 승리로 끝나고 그가 영락제로 즉위합니다. 영락제와 조선 태종은 각각이 권좌에 오르기 전에 만난 적도 있습니다. 태조 3년인 1394년 이방원

＊　명나라와 청나라의 황제는 연도를 표시하는 연호를 원칙적으로 황제 1명이 1개만 사용했다. 그래서 보통 그 연호를 따서 부른다. 주원장의 연호가 홍무, 손자 주윤문의 연호가 건문이다.

이 사신단의 일원으로 명나라를 방문하는 길에 만난 것이죠. 그래선지, 사이가 좋았습니다. 둘 다 쿠데타로 집권한 부담을 덜기 위해서는 이웃 국가의 지지가 필요했고요.

태종은 겉으로는 저자세를 취하면서 조공을 바쳤습니다. 하지만 바친 것 이상으로 많은 답례품을 받아왔습니다. 막대한 무역 이익을 누린 셈이지요. 조선은 조공 횟수를 늘리자고 하고, 명나라는 오히려 줄이자고 할 정도였습니다. 당시 명나라는 주변의 많은 국가와 조공 체제를 수립했는데 조공 횟수에서 조선이 으뜸이었습니다. 태종의 사대외교는 명분을 내주고, 실리를 얻은 전략이었던 것입니다.

더구나 영락제는 중국 역사에서 손꼽히게 잔인하고 호전적인 황제였다는 것도 감안해야 합니다. 조카와 황제 자리를 놓고 벌인 내전에서 몇 배나 많은 진압군을 상대로 이겼고요. 수차례 고비사막을 넘어 몽골로 쳐들어갔습니다. 특히 베트남을 점령한 것은 조선에 충격적인 사건이었지요. 영락제는 수틀리면 조선 침략도 얼마든지 할 사람이란 인식이 든 거죠. 그 점에서 당시 사대외교는 조선의 안정과 융성을 위한 현실적 선택이었습니다. 사대를 했지만 조선 고유의 문화도 유지했고요.

지혜　　　위화도 회군부터 사대외교까지 계속 현실적 선택으로 이어지는데요. 역성혁명의 최후 승리자인 태종이 그렇게 해서 이룬 것은 무엇인가요? 개인의 권력 획득 외에 말입니다.

김 선생　　　태종을 잔인한 군주로만 생각하는 사람들이 있습니다. 정몽주, 정도전, 동생들을 제거했고요. 왕위에 오를 때 힘을 보탰던 처남들을 몰살시켰고, 혹시나 외척이 설칠까 염려해 세종의 장인까지 죄도 없는데 미리 죽였으니 그런 이미지를 갖는 것도 당연합니다. 하지만 태종은 권력에 방해되는 사람에게만 잔인했을 뿐, 백성에게는 성군이었습니다.

고려 말에 10대 후반의 나이로 과거 시험에 합격할 정도로 두뇌가 좋았지요. 관료로 실무를 맡으며 행정 감각을 키웠고요. 자신이 죽였던 정몽주를 충절의 상징으로 추서하는 유연성도 갖췄습니다. 정치가로서 판을 읽는 능력이 좋았고, 용인술에 탁월했습니다. 그 결과 많은 업적을 남겼습니다.

관료로 오래 근무한 경험을 살려 정부 시스템을 발전시켰습니다. 토지 제도와 세금 제도를 정비해서 흑자 재정을 이루었습니다. 사병을 혁파해서 병권을 확실히 장악하고 국방을 강화했습니다. 불교와 무당의 폐단을 잡았고, 서적 편찬도 열심이었고, 신문고도 설치했지요. 상왕이 된 후에도 후궁의 아버지가 부정부패한 것이 발견되자 즉각 벌하고 후궁까지 내칠 정도였습니다. 조선 전체를 통틀어 백성 살기에는 태종 시절이 가장 좋았습니다.

유럽에서 마키아벨리의 『군주론Il Principe』이 출간된 것이 1532년입니다. 마키아벨리는 냉철한 정신과 사자의 용맹과 여우의 지혜를 갖추고 좋은 목적을 실행하는 군주를 이상적으로 보았습니다. 그런데 마키아벨리가 생각한 이상적 군주는 100년 전에 조선에서 이미 활동했습니다.

지혜   태종의 능력이 매우 탁월했는데, 상업 분야는 왜 발전시키지 못했을까요? 조선 전기를 고려와 비교해서 상업이 침체된 시기로 비판하지 않습니까? 고려는 무역항인 벽란도에 아라비아 상인이 적극적으로 드나들었는데, 조선은 조공무역 외에는 거의 자급자족 국가가 되거든요.

김 선생   조선의 약점이 상업, 특히 화폐 유통이 미비했다는 것입니다. 조선이 화폐의 장점을 모르지 않았지요. 태종은 지폐인 저화楮貨를 발행했고, 이어 세종은 동전인 조선통보를 발행합니다. 하지만 잘 유통되지 않았습니다. 여전히 쌀과 면포가 물품 화폐로서 기능했지요. 반면 서아시아는 이미 금융 시스템이 매우 발달해 있었습니다. 유럽도 조선보다 앞섰고요. 15세기 피렌체의 메디치 가문은 금융업으로 부를 쌓아 르네상스를 후원했지요. 독일의 푸거Fugger 가문도 유럽 군주들에게 자금을 빌려주며 정치계를 좌우했습니다.

　조선이 화폐 유통이 미비했던 까닭은 고려 말의 무역 상황에 기인합니다. 고려 말에 원나라는 인플레이션을 맞아 지폐인 교초交鈔가 휴지가 되어버립니다. 원나라와 무역을 하던 고려도 당연히 타격을 입었지요. 그 영향이 이어져 조선에서는 백성들이 화폐 가치를 믿지 못했습니다. 원나라의 뒤를 이은 명나라도 마찬가지였습니다. 명나라는 대명보초大明寶鈔라는 화폐를 발행했는데, 영락제의 무리한 남해 원정으로 재정난이 발생하면서 대명보초도 휴지가 되어버립니다. 결국 조선은 명과의 무역을 정부 주도의 물물교환인 조공무역으로 할 수밖에 없었습니다. 15세기 조선의 상업 침체는 이러한 외부적 요인이 워낙 컸습니다.

이 점은 어느 왕이라도 어쩔 수 없었을 것입니다. 동아시아의 끝에 위치해서 국제 무역에서 소외되기에 십상인 지리적 한계도 있었으니까요. 세종은 인자한 품성과 달리 화폐 사용만큼은 강제로 하게끔 했으나 백성의 저항으로 실패하고 말거든요.

지혜 　　　생각해보니 당태종과 조선 태종이 비슷한 점이 많습니다. 아버지를 도와 국가를 개창하는 데 큰 역할을 했고요. 형제를 죽이고 옥좌를 차지했고요. 뛰어난 능력으로 국가를 발전시키고 백성을 편안하게 했으니까요.

김 선생 　　　조선 태종이 더 나았죠. 당태종은 광무제, 수문제, 송태조, 강희제와 함께 중국의 대표적 명군이지만, 고구려 원정에 나섰다가 안시성에서 참패한 흑역사가 있지요. 물론 조선 태종도 군사권을 쥐고 있던 상왕 시절에 이종무를 장수로 하여 군대를 보낸 대마도 정벌에서 고전한 사실이 있습니다. 하지만 조선 태종은 당태종과 달리 최소한 목적은 달성했습니다. 대마도 정벌 목적은 대마도 점령이 아니라 왜구가 명나라 해안까지 오가는 현상을 막는 것이었으니까요. 당태종은 후계자 선정도 별로였지만, 조선 태종은 세자를 갈아

치우는 결단을 내렸고, 그 결과 세종이 왕위에 올랐지요.

세종의 업적은 무수히 많죠. 농업 발전, 과학기술 발전, 무기 개발, 역사 편찬, 예술 장려, 세금 제도 확립, 법전 편찬 등 거의 모든 분야에서 발전을 이루었습니다. 특히 과학기술은 대단했지요. 그런데 세종의 업적은 태종이 시스템을 마련해주고 외척 등 위험 요소의 제거에 힘입은 바가 큽니다.

2. 세종을
어떻게 볼 것인가?

지혜   아주 오랫동안 세종은 '한국사 최고의 성군'이라는 평가를 받았죠. 우선 정치에서 개인적인 보복을 하지 않은 것이 돋보이네요.

김 선생   그렇죠. 장인이 억울하게 죽었음에도 장인을 죽이는 데 가담했던 유정현을 영의정에 기용하는 대범함을 보였습니다. 아내 소헌왕후 또한 조선 최고의 중전으로 역할을 완벽하게 잘 해냈습니다. 세종을 유교 군주로만 보는 사람도 있는데, 세종은 종교의 자유를 인정했고 궁궐 내에 불당을 짓기도 했습니다. 성균관 유생들이 불당 건립에 항의해 파업했지만 물러서지 않고 관철했습니다.

대표적인 세종의 업적이 한글 창제인데, 이는 집현전 학자들이 주도한 것이 아니라 세종이 왕자들과 함께 이룬 업적이었습니다. 세종은 세금 제도를 갖출 때 백성을 대상으로 여론조사를 실시할 정도로 민심을 생각했습니다.

지혜　　　그런데 요즘은 잔혹한 태종, 성군 세종의 상식이 조금씩 깨지는 것 같아요. 세종에 대한 비판의 목소리가 일부 나오는데 왜 그런 겁니까?

김 선생　　　당대는 아니지만 오늘날 비판이 대두되는 사유로는 사대주의가 있습니다. 태종과 비교하면 사대의 농도가 진해졌다는 것인데요. 하지만 세종은 국방을 강화했고, 문화 부문에서는 자주성을 견인했습니다. 한글 창제를 비롯한 역법, 음악 등에서 우리 것을 찾으려고 노력했지요. 세종의 사대도 현실을 감안한 선택이라고 봐야 합니다.

　세종이 당대에 백성의 원성을 샀던 정책은 사민 정책입니다. 세종은 압록강, 두만강을 경계로 영토를 확장하고 여기에 남부 지역 백성 일부를 강제 이주시켰습니다. 따뜻한 남쪽에 살다가 춥고 전쟁위협이 있는 북쪽으로 옮겨가게 된 백성의 원성이 높았지요. 확장된 영토의 보존을 위해서는 필수 정책이기는 합니다만, 성군 이미지와는 맞지 않는 정책이었습니다. 땅을 빼앗긴 여진족 입장에서는 침략당한 것이고요.

　오늘날 세종이 가장 비판받는 이유 중 하나가 노비종모법입니다. 태종은 지배층의 반대에도 불구하고 양인 아버지와 천민 어머니 사이에서 태어난 사람은 아버지 신분을 따르는 종부법을 시행해서 밀어붙였습니다.* 그런데 세종이 지배계급의 요구를 수용해서 어머니 신분을 따르는 종모법으로 환원해버렸습니다. 쉽게 말해 홍길동이 아버지를 아버지라 부르지 못한 것은 세종 때문이라고 주장합니다.

하지만 세종은 양천교혼을 금지하는 안전장치를 마련했고, 종친과 관료와 40세 이상 백성에게는 노비종모법을 적용하지 않게끔 했습니다. 세종 때라면 홍길동은 홍 판서를 아버지라 부를 수 있었던 겁니다. 그리고 세종 당시에는 노비의 삶이 그렇게 열악하지 않았지요. 인권 개념이 있어서 관비가 출산할 경우 휴가를 100일 줬고, 남편에게도 1개월을 쉬게 했다는 것은 유명한 얘기입니다. 막상 세종은 노블레스 오블리주를 강조해서 고위 관료는 쉬지 않고 일하게 했습니다.

다만 세종은 노비가 주인을 고소할 수 없게 법을 만들었는데, 이건 조금 문제였죠. 세종은 아들이 아버지를 고소하면 안 되는 것처럼 노비가 주인을 고소하면 성리학 질서가 깨진다고 봤던 것인데, 모든 주인이 세종처럼 인자한 것은 아니었으니까요.

세종에 대한 다른 비판은 수령고소금지법입니다. 고을 사또를 고소하는 게 금지되었기에 사또의 횡포가 심해졌다는 주장입니다. 이것도 당시 상황을 봐야 합니다. 그때 지방에는 토호세력이 강했습

---

* 태종은 대신 서얼금고법을 시행해서 서얼 차별까지는 인정했다. 지배층이 과다하게 늘어나는 것을 막는 조치였다. 서얼은 상속과 관직 등용에서 차별을 받았다. 하지만 적자가 없으면 전액 상속이 가능했다. 조선 후기에는 양자를 들여 상속하는 방식으로 서얼 차별이 강화되었다.

니다. 그래서 왕이 파견한 관리의 명령이 잘 먹히지 않았지요. 관리가 마음에 들지 않으면 죄를 조작해서 고소하는 현상이 비일비재했습니다. 토호들이 작당하면 증거 조작은 아무것도 아니었죠. 20세기의 대한민국 육군에서도 신임 소대장이 부임하면 고참 병장들이 계급을 무시하고 길들이기를 한 경우가 많았습니다. 명령에 살고 죽는 현대 군대에서도 그런 악습이 있었는데 과거에는 오죽했겠습니까. 그래서 수령고소금지법은, 수령은 임금의 대리자이니 토호들은 꼼짝하지 말라는 강력한 중앙집권 구축 정책이었던 겁니다. 당시에 백성을 쥐어짜는 세력은 토호였거든요.

정리하면 세종이 시행한 노비종모법이나 수령고소금지법은 그때 상황에서는 어느 정도 근거가 있던 것입니다. 단 신하가 허조처럼 청렴할 때라는 전제가 있습니다.* 악용하는 무리는 있을 수밖에 없고, 이 점은 세종의 업적에 흠이 됩니다. 수령고소금지법을 시행하면 수령의 죄를 살펴 벌할 사람은 임금입니다. 그런데 세종은 너무 관대해서 문제였습니다. 부정부패로 재산을 챙긴 관리를 유능하다는 이유로 너그럽게 대하기도 했으니까요.

---

* 노비고소금지법과 수령고소금지법을 주장한 허조는 청렴했다. 하지만 성리학 질서를 위해 상하관계를 엄격히 따지는 사람이었다. 반면 명재상으로 알려진 황희는 많은 땅과 노비를 소유했고 매관매직도 했으나 행정능력이 뛰어났다. 황희는 공양왕부터 문종까지 여섯 임금을 섬기면서 87세까지 영의정을 지낼 정도로 출중했다. 세종은 대신들의 각기 다른 장점을 살려 국정에 기용했다.

지혜　　　성군이기는 했지만 모범생이었기에 나타난 부작용도 있었다고 봐야겠네요. 그 점에서 현실 감각이 강했던 태종이 백성에게 더 좋은 군주였을 수 있겠어요. 노비 제도만 봐도 태종이 노비 억제에 적극적이었죠. 노비를 줄이고 양인을 늘리면 국가 세금 수입이 증대하고, 권신들의 부와 사병이 억제되는 효과도 있었고요.

　그런데 이 당시 다른 나라의 노비 제도는 어땠는지요? 타국과 비교해 봐야 조선 노비제를 평가할 수 있을 것 같습니다.

김 선생　　　15세기 조선의 노비 인구 비율은 학자마다 의견이 다른데 최소 10%, 많으면 30%에서 40% 정도로 추정합니다. 40%라면 인구 비율로 보면 높은 편이라 볼 수 있습니다. 조선에서 노비 대우가 어떠했는지는 논란이 많은 영역입니다. 관노비, 솔거노비, 외거노비가 달랐고, 주인에 따라 차이가 컸을 테니까요.

　같은 시대 유럽 인구의 절대다수였던 농노農奴는 매매 대상이 아니었다는 점에서 조선 노비보다는 나았습니다. 하지만 농노와 별개로 전체 인구에서 차지하는 비율은 낮았지만 노예도 존재했습니다. 이슬람 포로나 슬라브족이 노예로 거래되었지요. 오늘날 동유럽의 주요 민족을 통칭하는 슬라브족Slavs이 노예를 뜻하는 슬레이브slave의 어원이 될 정도였습니다. 이탈리아 르네상스를 후원했던 상인이 부를 쌓는 과정에서 노예무역도 큰 몫을 차지했습니다.

　자국민을 노예로 삼은 것은 한국이 유일하다는 주장이 있습니다. 하지만 일본도 비슷했습니다. 일본의 게닌下人 계층이 30% 정도였는데 노예와 크게 다를 바 없었습니다. 중국에서도 세습 천민 집단이 있었고요.

다민족 국가인 인도는 노예의 비율과 차별 정도가 가장 심한 나라입니다. 이슬람 권역도 노예 제도가 매우 성행했습니다. 유럽과 아프리카에서 대량으로 노예를 잡아다 부렸지요. 이슬람이 평등을 강조하는 종교이며, 노예는 후천적인 노력으로 벗어날 수 있다는 주장이 있어요. 명문가의 노예는 자유인보다 더 고위직을 차지하기도 했고, 심지어 인도가 정복한 이슬람 왕조에서는 노예 출신이 국왕이 되기도 했으니까요. 하지만 노예에도 인종차별이 있어 튀르크 계통이나 슬라브 계통 노예는 기회가 많았는데, 흑인 노예는 그렇지 못했습니다. 이렇게 보면 조선의 노비 제도가 타 국가보다 크게 나쁘거나 좋았다고 볼 수는 없을 것 같습니다.

다만 조선의 노비 소유는 격차가 심했습니다. 웬만한 집안은 100명 이상의 노비를 소유했고, 심한 경우로 세종의 아들인 광평대군과 영응대군은 기록에 따르면 각각 만 명 넘게 노비를 가졌으니까요. 양반 사이에서도 노비 소유의 빈부 격차가 심했죠. 태종이 노비 소유 상한제를 두었는데, 이후 지켜지지 않았습니다. 참고로 미국에서는 1850년을 기준으로 100명 이상 노예를 소유한 경우가 전체 노예 소유주의 0.5% 정도였습니다.

지혜   양반 계층에는 세종이 성군이었지만, 사노비에게는 아닐 수 있었겠네요. 세종 때 국가 틀이 완성되고, 그 틀이 500년을 버틸 원동력이 되었다는 점에서 세종의 업적은 대단합니다. 하지만 국가가 아닌 개인의 관점에서 보면 다를 수 있을 것 같아요. 물론 인품 면에서는 세종이 으뜸인 것은 부정하기 어렵겠지만요.

김 선생 　요즘 태종의 평가가 상향되고, 세종의 업적에 이견이 제기되는 이유는 조선 시대와 현대의 가치관이 다르기 때문입니다. 유교 가치관에서는 세종이 최고입니다. 그런데 21세기 한국은 서구적 실용주의가 더 지배하고 있습니다. 명분보다 현실 감각을 중시하고, 인품보다 능력을 중요시하죠. 한편으로는 기득권층의 역사가 아닌 하층민의 역사를 재조명하는 작업을 계속 진행해왔습니다. 이런 사회 인식의 변화가 태종과 세종에 대한 평가를 변화시킨 원인이겠지요.

지혜 　세종 시대 다음은 문종인데요. 문종은 가장 완벽한 왕이 될 수 있었는데도 애석하게도 일찍 승하한 왕으로 기억되고 있습니다. 문종이 가장 완벽한 왕이 될 수 있었다고 보는 근거가 뭘까요?

3. 최고의 능력을 지녔던
   왕은 누구인가?

김 선생　　　첫 번째로 문종은 정통성이 확실했습니다. 정실부인에게서 태어난 장남인 적장자嫡長子가 세습하는 것은 기원전 주나라 때부터 이어진 종법 제도의 핵심입니다. 특히 성리학을 표방한 조선에서는 적장자가 중요했는데 막상 앞의 왕들은 그 조건을 갖추지 못했지요. 이성계는 쿠데타로 집권했고, 정종은 실질적 맏이 노릇을 하기는 했지만, 둘째였습니다. 형의 아들이 살아 있었지요. 태종은 형인 정종의 양자가 되는 형태를 취할 정도로 적장자 정통성을 억지로 만들었지요. 세종도 셋째였고요. 그런데 문종은 정실부인에게 태어난 장남이었으니 왕위 계승이 완벽했습니다. 수양대군이 경쟁자였다는 주장이 있는데, 문종의 병이 심해지자 그 이후를 노린 것이지 문종의 왕위를 바로 넘보는 것은 상상할 수도 없었지요.

　두 번째로 능력입니다. 총명했고 학업을 좋아했으며, 기술에도 관심이 많았습니다. 특히 군사 분야는 조선 왕 전체를 통틀어 가장 해박했습니다. 외모도 명나라 사신이 감탄할 정도로 미남이었다고 합니다. 유능한 신하가 즐비했고, 그들의 절대적인 충성을 받고 있었습니다.

세 번째로 경험입니다. 세종의 후반부 7년 반은 문종의 업적이라고 봐도 됩니다. 과로에 시달리고 운동은 하지 않아 건강이 좋지 않던 세종이 군사권과 외교권을 빼고 모두 세자인 문종에게 넘겼거든요. 문종은 세자 시절에 야무지게 잘했습니다. 신기전과 측우기 제작을 주도했고, 훈민정음 창제를 도왔으며, 서적 편찬도 활발히 했지요. 장수했다면 아버지를 능가할 군주가 될 조건을 두루 갖추고 있었습니다.

지혜　　　세종, 문종 시절은 군주의 능력도 대단했지만, 신하도 유능한 인재가 많았어요. 이유가 뭘까요?

김 선생　　　실력을 평가하는 과거 시험을 통해 선발했으니까요. 두뇌, 성실함, 꾸준함 등이 요구되는 과거제가 이 당시에는 매우 우수한 제도였습니다. 시험 문제는 국가 운영에 관한 논술이었는데, 오늘날 보아도 감탄할 만큼 수준이 높았습니다. 평민에게도 기회가 열려 있어서 조선의 평민 출신 문과 급제자 비율은 초기에 40~50%였습니다. 반면 이때 유럽에서는 관료를 등용하는 대표적인 방식이 매관매직이었습니다. 당연히 조선의 관료가 평균적으로 더 유능했지요.

중국 역사를 보면 한나라는 향거리선제鄕擧里選制, 위진남북조 시대에는 구품중정제九品中正制라는 추천제로 뽑다가 인맥이 합격 여부를 결정하여 귀족이 득세하는 현상이 나타나자 수나라 때부터 과감히 시험으로 뽑는 과거제를 시행했습니다.* 과거 시험이 현실과 동떨어진 문제만 출제하였고, 인재의 편중을 가져왔다는 비판은 후대에 해당하고요. 송나라 때까지는 과거제가 도덕적이고 백성을 생각하는 인재를 뽑는 매우 좋은 제도였습니다.

조선은 국립대학인 성균관을 통해 인재를 육성했습니다. 유생은 단순히 공부만 하는 것이 아니라 상소를 올리고 파업을 하는 등 현실정치에 적극적으로 참여했습니다. 유생들이 파업하자 재상인 황희가 직접 나서서 달래야 할 정도였습니다. 그만큼 조선 초기에는 인재를 제대로 키우는 시스템이 갖춰져 있었습니다.

지혜　　　문종은 태종, 세종과 함께 조선의 발전에 큰 역할을 수행했습니다. 하지만 세자 시절에 주된 역할을 했을 뿐, 재위 2년 3개월 만에 38세의 나이로 병으로 승하했습니다. 그런데 문종의 죽음에는 암살설, 의료사고설 등이 존재하네요.

김 선생　　　종기가 심했던 문종에게 상극인 꿩고기를 계속 권했던 어의가 수양이 집권하자 공신으로 책봉된 것이 암살설의 주된 근거인데요. 학계 다수의 인정은 받지 못하고 있습니다.

---

* 　그 당시 명칭은 선거제였다.

지혜　　　그렇군요. 그럼 이쯤에서 조선과 유럽을 한번 비교해보죠. 조선이 유럽보다 어느 정도 앞서 있다고 봐야 할까요?

김 선생　　　문종이 승하한 연도가 1452년입니다. 그런데 그 이듬해인 1453년을 유럽에서 중세가 마무리된 상징적인 연도로 거론하는 학자가 많습니다. 1453년은 고대 로마의 정통을 이어오던 비잔티움 제국*이 멸망했고, 프랑스와 잉글랜드의 백년전쟁이 끝난 해입니다. 즉 유럽은 이제야 근세 국민국가가 생기기 시작합니다. 구텐베르크의 인쇄기도 1450년 즈음에 발명됩니다. 반면 조선은 진작 인쇄술을 갖추었고, 문화 수준이 상당히 높았습니다.

　　물론 조선의 문화 수준에도 반론이 있습니다. 조선은 출판 기술은 있었으되, 국가가 독점했습니다. 상업이 발달하지 않았기에 종이 생산도 부진했고, 민간의 활자 주조는 금지되었습니다. 지식의 자유로운 보급이 이루어지지 못했던 것이죠. 그것을 감안해도 이 당시 유럽보다 크게 앞서 있었다고 봐야 합니다. 특히 조선왕조실록은 탁월합니다. 엄청난 분량도 그렇거니와 왕의 결점도 솔직히 기록했으며, 왕이 그것을 볼 수 없었다는 것도 대단하지요.

　　인권 의식에서는 비교도 안 됩니다. 조선의 장점으로 빼놓지 않아야 할 것 중에 장애인 배려가 있습니다. 조선은 장애인을 학대하면

---

*　고대 로마는 서로마와 동로마로 분열되었다. 서로마가 멸망한 476년을 중세의 시작으로 보고, 동로마가 멸망한 1453년을 중세의 끝으로 본다. 비잔티움 제국은 역사가들이 동로마 제국에 붙인 이름이다.

가중 처벌했고, 고을 수령을 파직하기도 했습니다. 장애가 있는 부모를 모실 경우에는 부역을 면제해줬습니다. 장애인의 관직 등용에 차별이 없었습니다. 반면 같은 시대의 유럽은 장애인을 매우 가혹하게 대했습니다.

4. 태종과 수양은
어떻게 달랐나?

지혜　　　　이제 단종 시대를 살펴보지요. 문종의 뒤를 이어 단종이 12세에 즉위하는데요. 있어서는 안 될 비극이 애석하게도 벌어집니다.

김 선생　　　　단종은 어렸을 때 세종에게 총명함을 인정받았습니다. 정통성 면에서는 적장자인 문종의 적장자였으니 더 이상 완벽할 수 없었습니다. 조선 왕조를 통틀어 적장자의 적장자는 단종과 숙종뿐입니다. 숙종이 14세에 바로 수렴청정 없이 통치했다는 것을 감안하면 단종도 조금만 성장하면 왕권 구축이 가능했습니다. 그런데 단종은 그 몇 년간 수렴청정을 해줄 어머니와 할머니가 없었습니다. 어머니가 단종을 낳고 바로 사망했거든요. 어머니가 없어도 할머니인 소헌왕후가 있었다면 아무 걱정이 없었겠죠. 소헌왕후는 조선 역사에서 최고의 왕후로 평가되는 현명한 사람이었으니 단종의 든든한 후견인이 되었을 겁니다. 그러나 소헌왕후도 먼저 세상을 떠난 상태 였습니다. 성종이 13세에 왕위에 올랐으나 할머니의 수렴청정을 거친 후에 무난하게 통치한 것과 비교됩니다.

단종 즉위 초에 주요 결정은 대신인 황보인, 김종서가 맡았습니다. 그들은 충성심이 강한 인물이었고 청렴하고 유능했지요. 그런데 단종 즉위 5개월 만에 숙부인 수양대군이 쿠데타를 일으킵니다. 불시에 측근을 동원해 김종서를 살해하고, 한명회가 만든 생살부에 따라 관료들을 죽여 없애지요. 명분은 김종서가 반역을 획책했다는 것이었으나 증거는 없었습니다. 이렇게 수양대군은 조직폭력배와 다름없는 방식으로 권력을 장악합니다.

지혜　　　　이어 수양대군은 동생인 안평대군을 죽이고, 단종의 왕위를 빼앗지요. 단종은 노산군으로 낮춰져 강원도 영월로 유배당했고, 사육신의 복위 노력이 실패로 돌아간 후에 살해당합니다. 그런데 한국사에서 예전에는 수양에게 긍정적 시각이 많았다가, 요즘에는 부정적 시각이 증가한 것으로 알고 있습니다. 왜 이런 변화가 생겼을까요?

김 선생　　　　긍정적 시각은 실록을 그대로 해석한 데서 비롯되었습니다. 실록의 『노산군일기魯山君日記』는 수양 입장에서 일방적으로 편찬되었거든요. 역사는 승자 입장에서 기록된다는 말이 그대로 적용된 경우입니다. 한편 한국의 독재정권 영향도 있습니다. 쿠데타로 집권한 세력은 역시 쿠데타로 권력을 잡은 수양이 같은 편으로 보였을 겁니다. 어린 단종보다 유능한 수양이 낫다는 논리를 국민에게 주입해야 자신들 정권의 정당성도 확보되니까요.

요즘 부정적 시각이 늘어났다고 말하기보다는 이제 제대로 평가된다고 봐야 합니다. 그 당시에도 민심은 명백히 수양에 부정적이었으니까요. 사육신의 단종 복위 노력이나, 수많은 야사 이야기가 그 점을 증명하고 있습니다. 권력을 잡은 후에 수양이 한 행동을 봐도 여실히 드러나고요.

지혜   태종 이방원과 수양대군은 둘 다 쿠데타로 혈연과 공신을 죽이고 집권했다는 공통점이 있습니다. 그런데 태종은 긍정하고, 수양은 부정하는 이유는 무엇일까요?

김 선생   가장 중요한 차이로 태종 이방원은 새로운 세상을 만들겠다는 확고한 철학과 비전이 있었습니다. 반면 수양은 권력욕만 있을 뿐이었습니다. 시대 분위기도 감안해야 합니다. 이방원이 살았던 때는 혼란과 피의 연속인 시대였습니다. 반면 수양의 쿠데타는 세종, 문종을 거치면서 평화롭고 유교 사상이 완전히 공고해졌을 때 이루어졌습니다.

이방원은 쿠데타의 명분이 있었습니다. 이성계의 여덟 아들 중에서 막내 이방석이 세자가 된 것은 논란의 여지가 큰 사건이었으니까요. 이방원은 전처 소생이고, 이방석은 후처 소생이었습니다. 그런데 전처가 먼저 죽었기에 후처가 조선 개국과 더불어 중전이 되었고, 중전의 자식이라는 이유로 이방석이 세자가 된 것입니다. 이방원은 졸지에 서자 취급을 받은 겁니다. 더구나 이방원은 개국 과정에서 공이 컸었죠. 위화도 회군 때 개경에 있던 계모와 이방석을 대피시켜 목숨을 구한 것도 이방원이었습니다. 유능하고 공이 큰 형을 제쳐놓고 어린 데다 공적도 없는 배다른 동생이 세자가 되었으니 바로잡겠다는 것이죠. 하지만 단종은 정통성이 완벽했기에 수양이 빼앗을 근거가 전혀 없었고, 문종과 단종이 수양에게 나쁜 짓을 한 것도 없었습니다. 오히려 문종이 수양을 너그럽게 배려한 경우가 많았습니다.

이방원의 쿠데타는 자기 보호 차원이기도 했습니다. 만약 이성계가 죽고 이방석이 왕이 되었을 때 이방원은 제거 대상이 될 확률이 높았습니다. 하지만 수양이 야심을 드러내지만 않는다면 단종이 수양을 제거할 리는 없었습니다. 단종은 할아버지 세종이 친형인 양녕대군을 감싼 것을 알고 있었고, 문종이 수양에게 잘해준 것도 알고 있었으니까요.

조카의 옥좌를 빼앗은 대표적 사례로 신라 헌덕왕, 고려 숙종, 명나라 영락제, 잉글랜드 리처드 3세가 있습니다. 하지만 고려 시대는 형제 상속도 보편화되어 있었다는 점을 감안해야 합니다. 영락제는 조카인 건문제가 제거를 시도하자 반란을 일으켰지요. 일방적인 쿠데타는 아니었습니다. 리처드 3세도 당시 잉글랜드가 내전인 장미전쟁으로 혼란기였다는 것을 감안해야 합니다. 수양과 비교할 만한 인물은 신라 헌덕왕뿐입니다. 신라 멸망은 헌덕왕으로부터 비롯되었다는 평가를 받는 인물이죠. 하지만 그때는 성리학이 보급되기 전이었습니다.

지혜　　　수양대군은 쿠데타를 합리화하기 위해 주공의 예를 내세웠다는데요. 주공은 어떤 인물입니까?

김 선생　　　주공周公은 형인 무왕을 도와 주나라를 키운 공신입니다. 무왕이 죽자 어린 성왕이 즉위했는데, 주공은 조카인 성왕을 섭정했습니다. 주공이 권력을 쥐었다고 생각한 이들이 반란을 일으켰을 때 주공이 진압하지요. 하지만 주공은 성왕의 자리를 빼앗지 않고 주나라의 영역을 확대한 후 때가 되자 물러납니다. 수양대군은 주공의 예를 통해 권력을 쥔 것을 합리화했고, 단종은 수양대군을 주공으로 인정해줌으로써 왕위만은 욕심내지 말 것을 부탁한 것이죠. 하지만 수양은 전혀 주공이 아니었습니다.

5. 수양의 유일한
업적은 무엇인가?

지혜   수양은 결국 단종을 내쫓고 왕위에 오릅니다. 세조인데요. 수양을 세조라 부르기 꺼리는 사람들이 있습니다. 정통성이 전혀 없기에 왕으로 인정하지 않겠다는 의미입니다. 조선 왕조에서의 정통성 부재는 현대로 보면 부정선거와 다를 바 없습니다. 완벽한 정통성을 가졌던 단종을 노산군으로 격하시켰던 것에 대한 반발이기도 합니다. 수양은 왕위에 오른 후에도 계속 잔혹 행위를 이어가네요.

김 선생   김종서와 친했던 맹장 이징옥이 함경도에서 죽임을 당합니다. 사육신을 중심으로 한 충신들이 단종 복위를 시도하다 실패해 처형됩니다. 이에 연루되어 애달프게도 단종마저 죽음을 맞습니다. 단종의 처가도 몰락했습니다. 단종의 부인, 한때 조선의 중전이었던 정순왕후 송씨는 쫓겨나 동냥과 막노동으로 생계를 이어가야 했습니다. 야사에 따르면 왕후를 가엾게 여긴 백성들이 먹을 것을 챙겨주자 수양은 그것마저도 금지해버릴 정도로 잔혹했습니다. 그래서 여인들이 남자는 들어올 수 없는 시장을 만들고 거기서 슬쩍 왕후에게 먹을 것을 줬다고 하지요. 그만큼 당시 백성은 악랄한 수양을 원망했고, 단종을 동정했습니다.

반역자인 수양 일파는 반역을 막았다는 명분으로 공신에 책봉되어 고려 말의 권문세족에 비견될 정도로 막대한 토지와 노비를 챙겼습니다. 세종 때부터 국가에 헌신했던 충신들의 가족이 재산을 빼앗기고 노비가 된 것이지요.

지혜　　　착한 이가 고통받고 악당이 호의호식하는 나쁜 사례가 역사에 끼친 영향은 보이지는 않지만 매우 크겠지요. 이제 반대로 수양의 업적을 한번 살펴보죠. 무자비했지만, 업적은 많았던 군주라고 평가하는 사람도 있으니까 말입니다.

김 선생　　　수양의 대표적 업적으로 『경국대전經國大典』 편찬을 거론합니다. 그런데 업적을 논하기 이전에 짚고 넘어갈 것이 있습니다. 수양 집권기의 인적 구성에 관한 부분입니다. 수양 집권기에 가장 업적이 많은 관료는 신숙주인데 그는 세종 때부터 탁월했던 인재입니다.* 즉 단종이 계속 왕위에 있었어도 신숙주의 법전 편찬, 외교 등의 업적은 여전했을 겁니다. 수양의 업적은 선대의 탄탄한 시스템과 안정된 재정과 뛰어난 인재를 물려받아 거저 이룬 것입니다.

그런데 수양은 집권 전후에 김종서, 이징옥, 성삼문 등을 죽였고, 수양에 반발해서 김시습 등 생육신은 관직을 거부했습니다. 반면 수양이 새로 기용한 인물은 한명회, 홍윤성 등입니다. 특히 홍윤성은 살인마 정승이란 말이 돌 정도로 패악이 심했는데, 수양은 계속 그를 우대했지요. 즉 수양으로 인해 조선이 잃은 인물과 얻은 인물을 비교해보면 수양이 얼마나 나라를 망가뜨렸는지 답이 나옵니다.

수양 개인이 주도한 업적으로 수령고소금지법 폐지를 꼽습니다. 하지만 말했듯이 이 법은 초기에는 단점 못지않게 필요성도 많은 법이었습니다. 수양이 없애지만 그 후 성종 때 부활한 것을 감안하면 쉽게 평가하기 어렵습니다. 왕권을 강화한 것을 업적으로 꼽기도 하는데, 왕권 강화 그 자체는 선도 악도 아닙니다. 왕권을 어떻게 썼느냐에 따라 태종이 되기도 하고, 연산군이 되기도 하니까요.

반면 잘못한 것은 너무 분명합니다. 수양 집권기에 훈구파를 형성한 권신들은 온갖 횡포를 일삼았습니다. 양민이 권신의 횡포를 견디다 못해 스스로 노비로 들어가는 현상이 벌어졌고, 이는 조선 중기에 노비 비율 증가의 원인이 됩니다. 수양은 철저히 권신의 패악질을 보호했지요. 수양의 통치는 '패거리 조폭 통치'였습니다. 수양의 왕권 강화는 조폭 두목의 막강함에 눌려 신하의 바른 말이 위축된 것입니다. 태종이 공신 세력을 눌러서 백성을 편하게 만들었던 것과

---

* 신숙주는 세종에서 성종까지 6명의 임금 하에서 많은 업적을 남겼다. 하지만 지조가 없다는 비판을 받으며 조선 명재상을 거론할 때 빠지는 경우가 대부분이다.

정반대였습니다.

그 외에도 잘못한 일이 많습니다. 집현전을 없애버렸고 경연을 폐지했습니다. 경연은 왕이 신하들과 함께 공부하는 것으로 조선 왕은 경연을 통해 식견을 갖출 수 있었습니다. 또한 그 자리는 왕에 대한 비판의 자리이기도 했습니다. 역사 속 성군의 덕행을 공부하면서 왕에게 바른 자세를 권했고, 폭군에 관해 공부하면서 왕의 그릇된 모습을 질책했던 것이죠. 혹자는 경연이 유교 이념에 치중했다고 비판하는데, 기독교에서 예배나 이슬람교에서 하루 5번씩 기도하는 것을 생각하면 문제 될 사안이 아닙니다. 그런 경연을 수양은 폐지해버렸습니다.

흔히 수양이 부국강병을 추진했다고 하는데 그것도 오류입니다. 수양이 여진족을 토벌할 수 있었던 것은 문종이 세자 시절에 워낙 무력을 증강해놓았기 때문이었습니다. 오히려 수양은 창기병을 궁기병으로 바꾸는 등 군대 운영 방식을 대폭 고쳤는데, 그게 국방을 약화시켰습니다. 조선 초기의 탄탄했던 문무가 동시에 꺾이기 시작한 것입니다.

태종에서 문종까지 노력으로 국가 재정을 확보한 조선 왕조는 막대한 곡물을 비축하는 여유를 갖게 되었습니다. 전쟁과 기근에 대비한 것인데요. 당시 비축량은 인구 비율로 세계 최고 수준이었습니다. 세종 28년에는 전년도에 백성들에게 273만8000여 석을 나누어주고도, 남아 있는 미곡米穀이 591만2000여 석에 달했습니다.

이렇게 보면 수양이 잘한 것은 집안 관리밖에 없습니다. 수양은 아내 정희왕후와 화목했고, 정희왕후가 훗날 성종 시절에 수렴청정했던 자성대비*입니다. 수양은 자식에게도 무난한 아버지였습니다. 아들 예종이 신하의 반대에도 불구하고, 아버지를 세조로 높인 것을 봐도 말이죠.

지혜   제가 보기엔 수양 최고의 업적은 국문학에 엄청난 소재를 남겨준 것 같습니다. 사육신의 절개를 다룬 문학작품이 여럿 창작되었지요. 세종이 감탄했던 천재소년 김시습은 수양에 분개해서 벼슬을 포기하고 강산을 떠돌면서 한국 최초의 소설 『금오신화』를 쓰기도 했지요.

그런데 왜 세조는 종宗이 아닌 조祖가 붙은 겁니까?

김 선생   우리가 통상적으로 알고 있는 왕의 명칭은 사망한 후에 바치는 묘호廟號입니다. 중국의 경우 조祖는 개국한 황제나 그에 준하는 업적을 가진 사람에게만 붙기 때문에 왕조에 한두 명뿐입니다. 주요 국가를 보면 당, 송, 요, 금은 창업 군주만 '조'를 받았고 한나라, 명나라, 원나라는 두 명, 청나라는 세 명**만 받았습니다. 고려도 태조 왕건에게만 조를 붙였습니다.

한나라의 세조는 광무제입니다. 전한前漢이 왕망에게 멸망했는데,

---

*   왕후는 시호로, 대비는 존호로 표기하는 것이 정확하다.

**   세조 외에 '조'를 받은 군주로 명나라 성조成祖 영락제, 청나라 성조聖祖 강희제가 있다.

광무제 유수가 다시 후한後漢을 세웠지요. 유수는 왕망과의 싸움에서 1만여 군대로 40만 대군을 무너뜨리는 대승을 거두기도 했습니다. 황제에 오른 후에 국가 경제를 튼튼히 하고 국방도 탄탄히 했지요. 그 업적이 전한을 세운 고조를 능가하기에 세조라는 묘호를 받기 부족함이 없었습니다. 청나라의 세조는 순치제인데, 만주에 있던 청나라는 순치제 때 중원을 정복하여 중국 전체를 지배하는 국가로 거듭납니다. 순치제가 어렸기에 직접 이룬 업적은 아니지만 재위 기간에 있었던 일이니까 높여준 것이지요.

원나라에서는 칭기즈칸을 태조로 올렸기에 쿠빌라이는 세조가 되었습니다. 쿠빌라이는 몽골 제국의 중국 지역을 통치하면서 국호를 원나라로 정하고 토대를 닦은 황제이지요. 그 외에 조비, 사마염, 부견 등 창업군주가 세조를 묘호로 받았는데요. 자신의 선조를 이미 태조, 고조로 추존했기에 세조를 받았던 것이지요. 정리하면 세조世祖는 창업군주 수준의 업적을 이룬 군주에게 바치는 극존칭 묘호였던 겁니다. 하지만 예외가 있었는데, 수나라 양제와 북제의 고담高湛입니다. 둘 다 친족을 살해한 패륜 황제였습니다.

세조라는 묘호는 수양이 광무제나 쿠빌라이에 준한 업적을 이루었다고 주장한 셈인데요. 실은 수양제 수준임을 보여준다고 하겠습니다.

지혜　　　　태조가 창업군주, 태종이 창업군주를 이어 기틀을 잡은 군주, 세종이 전성기를 이룬 군주, 문종이 문화발전에 힘쓴 군주에게 바치는 묘호란 것을 감안하면 조선 초기 묘호는 참으로 적절했습니다. 그런데 세조가 그 묘호의 기준을 망쳤고, 이후 조선에서는 인조처럼 업적과 맞지 않은 묘호가 나오게 됩니다.

이제 수양 다음 왕인 예종 시대를 살펴보지요. 예종 때의 주요 사건은 무엇인가요?

6. 유능한 장군은 누구에게 죽는가?

김 선생　예종은 수양의 차남이었는데, 형이 먼저 죽었기에 왕위에 올랐습니다. 짧은 치세였는데 큰 사건 하나가 있었습니다. 남이 장군이 역모로 몰려 처형된 일이지요.

남이는 수양 집권기 때 있었던 이시애의 난을 진압하면서 두각을 나타냈습니다. 탁월한 용장이었고, 최연소 병조판서를 지냈지요. 그런데 그가 역모를 꾀했다는 고변이 접수되었고, 고문을 못 이긴 남이는 인정하고 맙니다. 고변한 사람은 남이와 같은 무장인 유자광이었지만, 배경에는 예종과 공신 세력이 새로 부상한 남이를 견제하려는 의도가 깔려 있었습니다. 근거가 미약했기에 오늘날 다수 학자는 조작으로 보고 있고, 당시 민심도 그러했습니다. 억울하게 죽은 남이는 그 후 여러 무당이 떠받드는 존재가 되지요.

그런데 여기서 주목할 사실이 있습니다. 수양의 명분 없는 쿠데타가 성공한 이후, 조선 정치는 줄곧 역모에 시달렸습니다. 실제로 역모를 꾀하다 죽은 사례도 있었지만, 거짓 고변에 속아 억울하게 희생당한 사람도 많았습니다. 반대 세력을 제거하는 가장 확실한 수단이 역모로 모는 것이었으니까요. 거짓 고변이 성공해 죄 없는 사람을 죽음으로 몰고, 자신은 인생역전을 이룬 황당한 사건도 나왔습니다. 무엇보다 왕도 역모에 대한 불안감을 갖고 지내야 했기에 신하를 믿지 못했습니다. 역모가 조선의 정치사에서 큰 비중을 차지해버린 것은 수양의 책임이 가장 크다고 볼 수 있습니다.

이시애의 난이 발발한 것도 수양의 책임이 큽니다. 수양 때부터 함경도는 조선에서 버려진 땅처럼 취급받았습니다.

지혜　　남이의 사례에서 느낀 것인데, 유능한 장군은 적과 싸우다 전사하기보다 조국의 권력자에게 죽는 경우가 많은 것 같네요.

김 선생　　중국 역사에서 가장 뛰어난 전략가로 꼽히는 한신은 토사구팽兔死狗烹당했고, 충신의 대명사인 악비도 모함으로 죽지요. 고려 말의 정세운, 안우, 이방실, 김득배, 병자전쟁 때의 임경업, 일본에서는 미나모토노 요시츠네, 서양에서도 스틸리코, 발렌슈타인, 에르빈 롬멜 등 사례가 많네요. 결국 정치가 많은 명장의 목숨을 삼킨 것이죠. 죽음까지는 아니었지만 아랍의 할리드 이븐 알 왈리드나 동로마의 벨리사리우스 장군도 좋은 예일 겁니다. 저명한 군사 잡지 『암체어』는 2008년에 세계 100대 명장을 선정한 바 있습니다. 그중 군주 본인이 명장인 경우를 제외하면 40%가 넘는 장군이 홀대받으며 여생을 보냈거나 조국의 손에 죽임을 당했습니다.

지혜　　　이순신 장군이 일부러 전사했다는 주장이 제기되는 이유가 있군요. 근거는 별로 없는 것으로 알고 있지만요. 다시 돌아와서 예종의 치세를 정리해 주시죠.

김 선생　　　예종은 어린 나이였지만 법치를 통한 왕권 강화를 추진했습니다. 그래서 신숙주, 한명회 등과 마찰이 있었지요. 예종은 불과 13개월 재위했는데, 예종 사망에는 최근 암살설도 거론됩니다. 성종은 세조의 장남인 의경세자의 둘째아들입니다. 작은아버지인 예종 사후 적장자인 제안대군과 형인 월산군을 제치고 서열 3위인 성종이 서둘러 13살에 왕위에 즉위합니다. 제안대군은 4살이고, 월산군은 병약하다는 것이 성종 즉위 이유였습니다. 그런데 성종이 한명회의 사위거든요. 암살 가능성이 크지는 않습니다만, 그런 얘기가 나올 정도면 훈구 세력의 권세에 문제가 있는 거죠.

지혜　　　거기에도 수양의 책임이 있겠네요. 훈구 세력을 너무 과다하게 키워 놓았으니까요. 수양 본인은 김종서 등 죄 없는 대신을 모반 혐의로 제거해놓고, 더 탐욕스러운 대신들을 후대에 남겨주었으니 말입니다.

　　이제 예종의 조카인 성종의 시대를 살펴보겠습니다. 성종도 명군으로 평가받고 있는데, 그 이유는 무엇인가요?

7. 성종은 왜
혼인보조금을 지급했는가?

김 선생　　성종은 성리학 이념에 충실했고 백성을 생각하는 왕이었습니다. 법전을 완성하고, 서적을 편찬하고, 왕의 정책 자문기관인 홍문관을 설치했습니다. 관료가 농민을 착취하기 좋았던 직전법職田法을 관수관급제官收官給制로 바꾸었습니다. 직전법은 관료가 직접 농민에게 세금을 거두어 챙기는 것인데, 관수관급제는 정부가 거둬서 관료에게 급여를 주는 방식입니다.

성종 시기는 대기근이나 전쟁이 없었기에 국고도 넉넉했습니다. 성종 시기를 조선 시스템의 완성기로 보는 사람이 많습니다. 성종成宗이란 묘호 자체가 국가를 완성한 군주에게 붙는 이름입니다.

하지만 성종 시기는 조선의 문제가 심해지는 시기이기도 했습니다. 상공업 발전은 더디어졌고요. 수양 때부터 약해진 국방은 성종 때 거의 무력화됩니다. 성종 때는 이렇다 할 탁월한 신하가 새로 배출되지 않았습니다.* 성종 개인의 흠결이라면 주요순晝堯舜, 야걸주夜

桀紂라 불릴 정도로 낮에는 정치를 잘했지만 밤에는 주색을 과다하게 밝혔습니다. 중전을 폐위시키고 사약을 내렸고, 이 사건은 아들인 연산군 때 대학살의 원인이 됩니다.

성종은 송나라 인종과 비슷한 면이 많습니다. 어린 나이에 왕위에 올라 수렴청정을 받았고요. 유학이 융성했고, 국가는 전성기를 누렸습니다. 둘 다 개인 능력이 뛰어났다기보다 워낙 태평한 시대에 즉위한 덕을 크게 보았기 때문입니다. 좋지 않은 점으로 중전이 폐위되어 사사된 것도 일치하네요.

지혜　　　성종 때 법전이 완성되었지만, 조선은 법보다는 도덕을 더 중요시하는 정치를 했지요. 그래서 15세기의 조선은 세금을 적게 거두고 적게 지출하는 '작은 정부'였음에도 불구하고 민생은 소홀히 하지 않았습니다. 그 예로 나이 든 여성이 경제적 어려움으로 혼처를 찾지 못하면 혼인보조금을 지급했다던데요. 그 정도로 복지를 중요시했습니까?

김 선생　　　세종 때도 혼인에 보조한 사례가 있는데 성종은 아예 법으로 제도화한 것입니다. 그런데 이 사례는 복지 측면도 있지만, 결혼은 무조건 해야 한다는 유교 가치관의 반영이기도 했습니다. 딸

---

*　　이 점도 수양의 책임이 있다. 생육신 등이 관직을 거부했고, 공신의 자식이 성균관에 특례 입학했다. 공정한 인사 시스템이 무너졌고 유능한 인재 발탁 기회가 줄어들었다.

이 결혼하지 않으면 아버지를 처벌했으니까요.

지혜　　　딸이 자유의지를 갖고 결혼을 선택할 수는 없었던 거네요. 성종 때 성리학 질서가 성차별을 심화시켰다는 주장이 있던데요. 중전 폐위라는 상징적인 사건이 있어서 더 그렇게 느껴지는 것 같기도 합니다. 당시 성차별이 심했는지요?

김 선생　　　성종의 중전 폐위는 예외 사항이었지요. 성리학의 본질은 이혼을 반대하는 쪽이었습니다. 여성에게 칠거지악이라는 족쇄를 채웠지만, 조강지처는 버릴 수 없다는 것 등으로 안전장치를 마련했고 실제로 아내를 내쫓는 사례는 많지 않았습니다.

　성리학은 남녀의 구별을 강조했습니다. 성리학에 따르면 하늘과 땅, 낮과 밤이 나누어지듯이 남과 여가 나누어지는 것입니다. 그래서 성차별 요소가 분명히 존재했지만 여성의 권한도 제법 있었습니다. 가정 내의 경제권이나 자녀에 대한 교육은 여성의 권한이었고, 이는 20세기까지 그대로 이어졌지요. 왕이 어리면 대비가 수렴청정하듯이 일반 가정에서도 남편이 없으면 여성이 집안 전체의 어른이 되기도 했습니다. 이때만 해도 재산을 균분 상속했고, 데릴사위 풍습도 남아 있었습니다. 양반 계급은 아내에게 경어를 쓰는 등, 여성을 대할 때 예의를 갖추었습니다. 한마디로 15세기의 조선은 성차별이 심하지 않았습니다.

　15세기의 다른 나라를 살펴보면 성차별 사례는 어디서나 발견할 수 있습니다. 명나라는 여성의 발을 조이는 전족 문화가 유행했고요. 서양에는 마녀사냥 지침서가 15세기 말에 만들어져서 16, 17세기에 마녀사냥이 심해집니다. 인도에서는 남편이 죽으면 아내를 불태우는 사티Sati가 행해졌고 일본의 여성 지위도 턱없이 낮았습니다. 어느 지역이건 왕과 영주는 거의 남성이죠. 종교 교리를 살펴봐도 기독교의 신은 남성이며, 최초의 인간도 남성이며, 성직자는 남성만 가능했지요. 불교도 이슬람교도 성차별 요소가 있으며, 힌두교는 말할 나위도 없습니다.

정리하면 15세기 조선의 성차별은 잘못된 것이지만, 다른 나라보다 심하지 않았습니다. 그런데 15세기 끝부터 조선은 성차별이 강화되는 쪽으로 나아갑니다. 그 시발점이 재혼 여성의 후손은 과거 시험을 볼 수 없게 했던 과부재가금지법입니다. 성종은 여성의 정절이 목숨보다도 중요하다고 생각했기에, 그 악법을 밀어붙입니다.

지혜　　　전체적으로 15세기 조선은 오늘날 기준으로 보면 한계는 있지만, 동시대의 다른 나라와 비교하면 최우수 수준이었다고 평할 수 있겠습니다. 지금까지 15세기의 발전을 살펴봤는데요. 15세기가 절정이라는 것을 수치로 증명할 방법은 있을까요?

김 선생　　　조선 건국 당시 인구가 550만 명 정도였는데 15세기 끝부분에 900만 명을 넘게 됩니다. 현대 이전 사회에서는 경제 여건이 나아지면 출산율이 높아지고 사망률이 낮아져 인구가 증가합니다. 근대 이전 사회에서 100년간 60%가 넘게 증가했다는 것은 놀라운 현상입니다.

중국의 사례를 봐도 15세기 이전에 인구가 많이 증가한 시기는 전한 시대, 8세기 전반 당나라, 11세기 송나라 정도입니다. 8세기 전반과 11세기는 앞서 말한 대로 한국의 전성기이기도 했죠. 즉 인구 증가만으로도 15세기가 조선의 절정기였다는 것을 증명할 수 있습니다. 이후 조선 인구는 1500년에서 1800년 사이 300년 동안 1850만 명 정도로 증가합니다. 비율로 보면 15세기의 증가보다 떨어진 셈입니다. 그 후 19세기에는 인구가 정체되고요.

물론 여기에는 행운도 따랐습니다. 세종 시기의 전염병 창궐 횟수는 5회, 성종 시기는 2회로, 다음 왕인 연산군 9회나, 후기의 현종 13회, 숙종 25회, 영조 19회에 비하면 적은 편이었습니다. 대기근은 15세기 3회, 16세기 3회, 17세기 13회, 18세기 4회, 19세기 2회입니다. 15세기 때 운이 좋았음은 사실입니다.

지혜　　　운이 따랐을 때, 더 역동적으로 뭔가 했으면 하는 아쉬움이 있습니다. 성종 시기는 중전 폐위 외에는 이렇다 할 대형 사건 없이 잘 유지됩니다. 하지만 아무 사건도 없다는 것이 결코 좋은 일만은 아닙니다. 그 기간에 조선이 발전 없는 시간을 보냈다는 얘기입니다. 그 결과 조선은 태종부터 문종까지 때 이른 절정을 누리고 멈췄습니다. 수양으로 인해 퇴보한 영역도 있고요. 시대의 흐름에 따른 적절한 변화가 없으면 '변화 없음'이 문제입니다. 같은 시대 유럽과 비교하니 더욱 그렇네요.

김 선생　　　　유럽의 15세기 끝 무렵 로마 교황은 알렉산데르 6세였습니다. 뇌물과 매관매직으로 유명한 사람이지요. 성직자임에도 불구하고 사생아를 여럿 두었고 딸과의 근친상간설도 돌았습니다. 악행이 과장되었다는 옹호 의견도 있지만, 도덕성이 없었던 것은 사실입니다. 교황이 그랬는데 다른 성직자나 국왕은 말할 필요도 없겠지요. 그에 비하면 수양을 제외하면 조선 왕의 도덕성은 분명히 세계에 자랑할 만한 부분입니다.

　하지만 이때 유럽은 역동성을 발휘하기 시작했습니다. 1492년에 콜럼버스가 이끄는 에스파냐 선단이 아메리카에 발을 디딘 것이죠. 1498년에 바스쿠 다 가마Vasco da Gama의 포르투갈 선단은 아프리카 남단을 돌아 인도에 도착합니다. 아직은 조선의 전반적 수준이 앞서 있었지만, 조선은 정체가 시작된 상황입니다. 한편 이때 일본은 센코쿠 시대로 무장들이 서로 힘을 겨루고 있었습니다.

지혜　　　　이어지는 16세기에 포르투갈은 동남아의 믈라카 해협을 지나고, 에스파냐는 대서양과 태평양을 건너서 동아시아까지 다가옵니다. 서양 세력과 일본이 먼저 만나게 되지요. 그때 조선은 무엇을 하고 있었을까요?

III
위기

16세기,
조선은 왜
위기를 맞이했나?

1. 까불이는 세계 역사를
어떻게 바꾸었는가?

지혜　　16세기 조선은 연산군(1494-1506), 중종(1506-1544), 인종(1544-1545), 명종(1545-1567), 선조(1567-1608)의 시대입니다. 15세기에 절정을 누렸던 조선 왕조는 16세기에 도약하지 못하고 임진전쟁이라는 위기를 맞이합니다. 그 시작에 연산군이 있습니다. 연산군 시대를 살펴볼까요?

김 선생　　세자 시절에 연산군은 큰 문제가 없었어요. 즉위한 후 연산군이 일으킨 첫 번째 사건은 15세기 말에 있었던 무오사화戊午士禍였는데, 김종직이 쓴 조의제문弔義帝文이 수양을 비판했다는 이유였습니다. 의제는 항우에게 죽은 황제인데, 단종을 의제에 수양을 항우에 비교했다는 의심을 받은 것이죠. 김종직은 이미 죽은 후였기에 관을 꺼내 시체를 베는 부관참시에 처하고 제자 여럿이 죽어 나갔지요. 무오사화는 연산군이 강력해진 삼사三司를 누르기 위해 일으켰다고 보입니다. 삼사는 사헌부, 사간원, 홍문관으로 지금의 감찰, 언론, 자문기관에 가까운 역할을 했지요. 성종 때 삼사의 힘이 매우 커졌기에 조의제문을 핑계로 탄압한 것이죠.

하지만 이때까지 연산군은 백성에게는 폭군이 아니었습니다. 1500년에 홍길동이 체포되는데, 홍길동은 의적이 아니라 백성에게 원망을 샀던 도적이었습니다. 연산군의 본격적인 문제는 1504년 갑자사화甲子士禍 및 그 이후에 발생했지요. 갑자사화는 성종 때 연산군의 어머니인 윤씨를 폐하고 사약을 내린 것에 관련된 사람을 숙청한 사건입니다. 무오사화 때는 사림파가 당했는데, 갑자사화 때는 훈구파와 사림파 가리지 않고 죽임을 당했고, 이미 죽은 사람은 부관참시 되었습니다. 이후 연산군은 절대 권력을 가졌다고 생각했겠지만, 자신의 지지기반이 없다는 것은 깨닫지 못했습니다. 연산군은 방탕한 시간을 보냈고, 결국 반정으로 폐위되고 맙니다.

지혜　　　연산군이 대규모 사화를 일으킨 것은 단순히 어머니의 죽음 때문이었나요? 아니면 그것을 핑계로 왕권을 강화하기 위한 것이었나요?

김 선생　　　둘 다 해당하겠지만, 후자 쪽에 무게가 실립니다. 다만 그렇게 해서 얻은 왕권을 백성을 위해 쓴 것이 아니라, 개인의 탐욕을 위해 쓴 것이 문제죠. 절대 권력은 절대 부패한다는 말이 연산군에게 정확히 들어맞았습니다. 연산군은 신하의 재산을 빼앗고, 무리한 공사를 벌였고, 기녀들을 궁으로 불러들였습니다. 조선 초기에는 공납이 높지 않았는데 연산군이 늘려서 백성의 고통이 가중되었습니다. 수양 때 폐지했다가 부활한 경연을 다시 폐지해버렸고, 기생과의 환락이 그 자리를 채웠습니다. 삼사에서 사간원과 홍문관을 폐지하고 사헌부도 축소했습니다. 바른말을 하는 사람을 죽였습니다. 혹시 연산군이 역사의 패배자라서 왜곡 기록된 것이 아닌가 볼 수도 있지만, 앞뒤 상황을 따져 봐도 폭군이 명백해 보입니다. 반정은 쉽게 이루어질 수밖에 없었습니다.

여담인데 연산군은 왕이 아니라 예술가로 살았으면 좋았을 사람입니다. 시와 춤에 재주가 있었고 미식가였습니다. 비슷한 예로 송나라 휘종이 있지요. 화가로 솜씨가 중국을 대표할 수준인데, 황제로는 최악이었으니까요.

지혜　　　　반정의 결과 연산군은 퇴위당하고, 이복동생인 중종이 즉위합니다. 그런데 이 과정에서 세계사에 족적을 남긴 엄청난 기술인 연은분리법이 일본으로 유출된 사건이 발발합니다. 자세히 살펴보죠.

김 선생　　　　워낙 중요한 사건이니, 실록의 구절을 인용해보겠습니다.

양인 김감불과 장례원 노비 김검동이 납으로 은을 불리어 바치며

아뢰었다. "납 한 근으로 은 두 돈을 얻을 수 있습니다. 납은 우리나라에서 생산되니 은을 넉넉히 사용할 수 있게 되었습니다. 만드는 법은 무쇠화로나 냄비 안에 독한 재를 두르고 납을 조각내 그 안에 채우고 깨어진 질그릇으로 사방을 덮고 숯을 위아래로 피워서 녹입니다." 하니, 전교하기를, "시험해 봐라." 하였다.*

감불甘佛은 까불이, 검동儉同은 검둥이의 한자표기로 생각되는데요. 실록에 딱 한 번 나오는 김감불과 김검동은 인류 역사를 엄청나게 바꿉니다. 이들은 은광석에서 획기적으로 은을 대량 추출하는 기술을 개발합니다. 연산군은 기술을 시험해보고 사용을 지시하지요. 그런데 중종이 즉위하면서 연산군 때의 과다한 사치 풍조를 없앤다는 명분으로 은 생산을 중단합니다. 많이 생산하면 명나라의 은 요구가 늘어날 것을 감안했기 때문이기도 합니다. 그런데 조선의 은 생산이 중단된 틈을 타서 일본이 연은분리법을 알고 있는 기술자를 데려갑니다. 결국 일본의 은 생산이 폭증하는 결과를 낳습니다.

앞에서 얘기했듯이 15세기부터 대항해를 시작했던 유럽인은 16세기에 동아시아에 나타납니다. 일본은 13세기에 마르코 폴로가 구술했던 『동방견문록東方見聞錄』에 황금의 섬으로 언급되었지요. 일본에는 유럽인이 기대했던 황금은 아니었지만, 은이 있었습니다. 일

---

* 良人金甘佛、掌隷院奴金儉同以鉛鐵鍊銀以進曰: "鉛一斤, 鍊得銀二錢。鉛是我國所産, 銀可足用。其鍊造之法, 於水鐵爐鍋內, 用猛灰作圈, 片截鉛鐵塡其中, 因以破陶器, 四圍覆之, 熾炭上下以鑠之。" 傳曰: "其試之。"

본은 포르투갈 상인에게 은을 주고 조총을 구매합니다. 당시 일본은 센코쿠戰國 시대로 수많은 다이묘大名*가 패권을 놓고 싸우던 시절이 었습니다. 조총은 일본의 센코쿠 시대를 종식하는 데 결정적 역할을 합니다. 이어 일본은 은광의 경제력과 조총을 바탕으로 조선을 침공하지요. 바로 임진전쟁입니다. 정리하면 연은분리법의 유출이 임진전쟁까지 이어진 것입니다.

지혜　　　엄청난 사건이네요. 당시 국제 화폐가 은이었으니, 지금으로 보면 일본이 달러를 마음대로 찍어낼 수 있는 기축통화국이 된 것 아니겠습니까? 이 사건이 명나라에도 영향을 주었다면서요.

김 선생　　　명나라는 영락제가 재정을 파탄시켜 지폐를 휴지로 만들어버리는 바람에 화폐 제도에 애를 먹고 있었습니다. 그래서 1560년부터 일조편법一條鞭法이란 제도를 시행해서, 세금을 은으로 걷기 시작합니다. 일조편법은 일본과 아메리카 대륙에서 생산된 은이 마카오를 거쳐 들어왔기에 정착될 수 있었습니다. 즉 중국 화폐가 은본위제로 정착된 것에도 연은분리법이 큰 영향을 끼쳤습니다. 역사상 한국인이 세계에 이렇게 큰 영향을 끼친 경우는 없었습니다. 금속활자 발명, 한글 창제 등은 대단한 업적이지만 국내에 국한된 것이었죠. 그 점에서 김감불과 김검동은 세계사를 바꾼 위인으로 올

III. 위기: 16세기, 조선은 왜 위기를 맞이했나?

---

*　　일본의 각 지역을 다스리는 영주.

려도 됩니다. 아쉬운 점은 그 이익을 일본이 얻은 것입니다.

16세기의 큰 특징은 세계 대부분 지역이 은 교역망으로 얽히기 시작한 것입니다. 유럽인이 중남미에서 은광을 개발했고, 원주민을 혹사하다가 아프리카의 흑인 노예를 끌고 가지요. 중남미에서 생산된 은이 태평양을 건너 필리핀을 거쳐 중국으로 유입됩니다. 16세기 100년간 대서양과 태평양이 무역로가 되면서 세계 경제권이 이루어지는데 조선은 여기서 소외되지요.

지혜　　　지금까지 한국 역사학계는 연산군과 중종 시대를 조명할 때 주로 사화에 초점을 맞추었습니다. 하지만 이면에는 세계사에 영향을 끼친 큰 사건이 벌어졌네요. 조선이 성리학에 몰두해 과학기술을 천시한 것도 기술 유출의 원인으로 봐도 될까요?

김 선생　　　조선은 개국 초부터 금광, 은광 개발을 억제했습니다. 명나라의 과도한 요구 때문이었죠. 하지만 조선 초의 관료들은 과학기술에도 관심이 있었습니다. 성리학이 과학기술을 경시했다고 하는데, 조선 초에는 그러지 않았습니다. 아예 천시했다면 왕이 직접 연은분리법을 시험해보라는 말도 안 했겠죠. 그런데 상업*과 과학기술을 천시하는 집단이 16세기 들어서 본격적으로 활동합니다. 바로

＊　백성의 상업은 천시했으나, 막상 관직에 올라 명나라에 사신으로 갈 때는 직접 상업 활동을 해서 재물을 챙기는 경우가 많았다.

사림파죠.

지혜　　　　사림파는 그 뿌리를 고려 말 조선 개창에 반대해서 고향으로 내려간 학자들에게 두고 있지요. 그 몇 대 제자들이 이때쯤 관직에 나온 것입니다. 무오사화, 갑자사화를 통해 타격을 입기도 했지만, 더욱 활발히 진출하는데요. 이 과정을 더 자세히 알아보죠.

2. 사림은 무엇이 문제였나?

김 선생   사림파는 관직에 진출하면서 삼사에서 왕과 대신을 비판하는 역할을 주로 맡았습니다. 그런데 훈구파와 사림파가 명확히 구별되는 것은 아닙니다. 사림파의 대표 인물은 지방 출신이 아니라 서울의 명문가 출신이 많았습니다. 훈구로 분류된 집안과 결혼으로 얽혀있기도 했고요. 요즘은 사화를 훈구와 사림의 대결로 보는 게 아니라 대신과 삼사의 대립으로 보는 견해가 유력합니다. 그 견해도 타당하지만 여기서는 익숙한 대로 훈구 세력과 사림 세력이라고 호칭하겠습니다.

중종은 반정 공신에게 추대된 임금이라 초기에 발언권이 매우 약했습니다. 훈구 공신들의 요구에 따라 아내와 강제 이혼할 정도였으니까요. 중종의 아내는 반정에 가담하지 않아 처형된 신수근의 딸이었는데요. 중전이 아버지의 복수를 할까 두려웠던 공신들은 이혼을 요구했던 것입니다. 조정이 공신들의 손에 있다는 것을 인지한 중종은 그들을 견제하기 위해서 조광조 등 사림 세력을 적극적으로 등용합니다. 삼사는 중종 때 부활했는데, 조광조는 삼사의 하나인 홍문관에서 적극적으로 목소리를 높이지요.

사림 세력은 향촌의 자치 규약인 향약을 설치하는 등 개혁을 주도합니다. 하지만 이들이 참신한 개혁 세력인지는 의문이 있습니다. 과도한 사대주의 자세를 보였으며, 부국강병에는 그다지 관심이 없었습니다. 실생활에 필요한 의학, 농학 등을 도외시했고, 불교와 도교를 적대시했습니다. 이들은 과거 시험이 아닌 추천으로 숨은 인재를 뽑을 것을 제안했는데요. 막상 이들의 추천으로 뽑힌 인재는 이들과 연줄이 있는 명문가 사람들이었습니다. 그럼에도 이들은 자기 집단만이 군자라는 독선적 자세를 가졌고, 다른 사람을 소인으로 몰아붙이는 것에 거리낌이 없었습니다.

물론 훈구 세력의 탐욕을 공격한 점은 긍정적 평가를 받을 일입니다. 연산군 때 고위직에 있었던 사람들이 중종반정에 한 발 걸쳤다는 이유로 공신이 되어 부귀를 누렸으니까요. 하지만 사림 세력을 통해 훈구 세력을 견제했던 중종은 사림이 강해지자 역으로 사림을 제거하는데요. 이 사건이 1519년의 기묘사화己卯士禍입니다.

그동안 훈구 세력이 나뭇잎에 꿀로 주초위왕走肖爲王이란 글자를 새긴 후, 벌레가 파먹게 해서 모함했다는 주장이 대중에게 널리 받아들여졌습니다. 주초는 조趙의 파자破字로 주초위왕은 조광조가 왕이 된다는 뜻입니다. 그런데 현대에 와서 실험을 해보니 잎을 먹는 벌레는 꿀이 묻지 않은 부분까지 가리지 않고 먹기에 꿀을 묻힌 부분만 먹는 것이 불가능했다고 합니다. 즉 중종은 모함에 속아 사림을 죽인 것이 아니라, 중종 본인이 제거의 주역이었습니다.

지혜　　　중종은 오로지 정권 유지만 목적이었던 것으로 보이네요. 조광조 이후에는 김안로에게 힘을 실어주고, 다시 김안로를 제거한 것을 보면 말입니다. 반정으로 집권했으니 어쩔 수 없는 생존 전략인 것 같기는 합니다.

　그런데 재미있는 게 조선이 훈구와 사림으로 갈려 싸울 때, 중국에서는 새로운 유학인 양명학이 일어나네요. 유럽에서는 종교개혁이 일어나 가톨릭과 신교가 전쟁을 벌이고요. 인도에서는 힌두교와 이슬람교를 절충한 새 종교인 시크교가 일어납니다. 이 시기에 다들 사상, 종교의 전환점을 맞고 있어요.

김 선생　　　그렇습니다. 16세기 초에 중국에서는 성리학의 관념적 성향에 반대하여 지행합일을 강조하는 양명학이 나오지요. 그런데 조선에는 양명학이 조선 후기에야 부분적으로 퍼질 뿐, 영향력이 미미했습니다. 오히려 이 시기에 조선은 성리학을 강조하는 쪽으로 나가는데요. 성리학의 대표 학자들이 이때 등장합니다. 서경덕(1489-1546), 조식(1501-1572), 이황(1501-1570), 이이(1537-1584) 등입니다. 이들의 학문 업적을 인정하지만, 사상이 너무 성리학으로만 치중된 점은 아쉬운 대목이라 할 수 있습니다.

　1543년부터 조선은 오늘날의 사립대학 격인 서원을 설립합니다.

이후 서원은 세금을 면제받고, 정부와 지역 유지에게 서적과 노비를 지원받으면서 급격히 성장합니다. 서원은 향약과 더불어 사림파의 세력 확대에 결정적 역할을 하지요. 시골의 재야인사들은 상소를 올려 여론을 조성하고 영향력을 키웁니다. 그들의 제자들은 학맥에 따라 붕당을 형성하고요. 이즈음부터 농촌에서 땅을 가진 지주가 소작인에게 농지를 빌려주고 수확량의 절반을 받는 지주전호제地主田戶制가 확대되었고, 사림은 굳이 관직에 나가지 않아도 경제 기반이 든든했습니다.

당시의 대표 인물인 이황은 250명 정도의 노비를 거느렸음에도 자신이 가난하다고 여겼습니다. 같은 시대의 신사임당 역시 많은 노비가 있었고요. 사임당이 현모양처이자 탁월한 예술가로 이름을 남긴 데에는 많은 노비의 노동력이 뒷받침한 사실을 도외시할 수가 없겠죠. 물론 지금의 잣대로 그 당시 사람을 평가할 수는 없고요. 세계 다른 나라의 지배계층도 모두 그랬다는 점을 감안해야 합니다. 다만 사림 세력의 문제점은 겉과 속이 달랐다는 것입니다. 입으로는 청빈을 말하고 있었지만, 실제로는 부유했던 것이지요. 자신은 시골에 묻혀 사는 삶을 예찬하면서 아들은 반드시 서울로 갈 것을 주문하는 것도 당시 사대부의 보편 정서였습니다.

지혜　　　성리학이 문제라기보다, 표리부동한 자세가 문제라 볼 수 있겠네요. 자신이 정의롭다고 믿을수록, 실제로는 덜 정의로울 가능성이 크다고 합니다. 겉으로는 명분을 내세우지만 속으로는 탐욕을 저지르면서도 그 괴리를 못 느끼고요.

당시 관료들에게는 오늘날에도 종종 물의를 일으키는 일명 '신고식'이 많았다고 하던데요. 이것도 점잖아 보이는 성리학자 이미지와는 맞지 않아 보입니다.

김 선생 그렇죠. 신입은 선배들에게 엄청난 술을 대접해야 했습니다. 얼굴에 낙서하기, 진흙탕에서 구르기 등 벌칙도 받아야 했고요. 하지 않으면 관료 사회에서 따돌림을 받았지요. 벌칙이 심해서 사망하는 사례도 발생했고요. 조선 학자 이미지와 전혀 맞지 않은 이런 관습이 이어진 것에는 이유가 있습니다.

고려 말까지 권력가 자제가 음서제로 관직을 거저 얻는 경우가 많았지요. 이들이 집안 위세를 믿고 선배에게 고분고분하지 않았기에 위계질서를 잡고자 혹독한 신고식이 생긴 거였습니다. 그런데 시대가 바뀌어 실력으로 뽑는 과거제가 정착되었고 한미한 가문에서도 급제자가 나왔으니 이젠 사라져야 할 관습이 오히려 강화된 겁니다. 한때 필요한 관습도 시대가 바뀌면 없어져야 하는데 조선에서는 그러지 못했습니다. 더구나 자신들이 주장한 가치인 근엄하고 절제된 생활과 맞지 않는 악습임에도 선배의 욕망을 위해 유지되었으니 잘못이라 할 수 있겠지요.*

지혜 정리하면 조선은 16세기 들어서 시대의 흐름에 맞추어 올바로 변화하기보다는 오히려 역행하는 모습이 많이 눈에 띄네요.

그런 현상이 왕실에서도 보이는데, 중종의 다음 왕인 인종과 명종 시대입니다. 한번 살펴보죠.

---

*   이런 신고식은 조선과 대한민국만의 문제는 아니다. 상하 관계가 느슨하고 개인의 자
     유를 존중하는 국가로 인식되는 21세기 프랑스의 대학에서도 선배가 후배에게 알몸 달
     리기를 시키는 등 심각한 상황이다. 하지만 몸에 타투를 한 세대의 문화와 갓을 쓴 선비
     의 문화를 같은 위상으로 비교할 수는 없다.

3. 조선 시스템의 맹점은 무엇이었나?

김 선생　　중종은 38년간 적당히 잘하고, 적당히 잘못하며 재위 기간을 보냈습니다. 연산군의 아들이자 자신의 조카를 모두 죽였고, 서자이기는 해도 친아들인 복성군과 후궁 경빈 박씨도 죽였으니 인자한 군주와는 거리가 멀었습니다. 중종 사후에 아들 인종이 왕위에 오르는데요. 인종은 중종과는 반대로 너무 인자하고 유교 가치관에 매몰된 왕이었습니다. 세자궁에 불이 났는데 자신을 미워하는 계모가 원하면 죽는 것이 효성이라고 생각하여 가만히 있다가, 아버지가 부르자 죽으면 아버지에 대한 불효라고 생각해 빠져나왔다는 야사가 전해질 정도였지요. 학문을 좋아했으나 병약했고 즉위 9개월 만에 사망했습니다. 계모인 성렬대비*의 독살설이 있는데, 독살이 아

---

*　대중에게는 문정왕후로 많이 알려져 있다. 이 책에서는 정희왕후–자성대비와 마찬가지로 왕후일 때와 대비일 때를 구분해서 표기하였다.

니어도 몸이 약해 오래 살기는 어려웠을 왕이었습니다. 신하들이 그렇게 고기반찬을 먹을 것을 부탁해도 아버지 상을 치르는 중이라 먹지 않았지요. 군주 개인의 과도한 도덕성이 오히려 안타까운 사례입니다.

인종 사후에 이복동생인 명종이 왕위에 오릅니다. 인종은 동생을 사랑했다고 하지만, 배후 외척들은 서로 정적이었지요. 외척이 둘 다 윤씨라서 인종의 외척을 대윤大尹, 명종의 외척을 소윤小尹이라 불렀는데, 명종이 집권해서 소윤이 정권을 장악합니다. 대윤이 숙청된 사건을 을사사화乙巳士禍라고 하지요.

명종의 나이가 어렸기에 어머니 성렬대비가 수렴청정을 했고, 대비의 동생인 윤원형과 그의 애첩 정난정이 권력을 휘둘렀습니다. 부정부패가 만연했고, 국가 재정은 악화했으며, 국방력은 약해졌습니다. 조선이 크게 퇴보한 것입니다.

지혜　　　　태종이 경계했던 외척의 전횡이 시작되었네요. 지금까지 조선은 외척과 환관의 권세가 강하지 않았는데 말입니다. 중국사를 보면 환관과 외척이 나라를 망친 경우가 많지 않습니까?

김 선생　　　　그렇습니다. 종이를 만든 후한의 채륜이나 대항해를 지휘한 명나라 정화처럼 합법적으로 기용되어 업적을 남긴 환관도 있었지만, 아닌 경우가 더 많았지요. 진나라는 진시황 사후에 환관 조고가 권력을 틀어쥐고 횡포를 부리다 망하지요. 지록위마 고사가 나올 정도로 황제의 권력을 능가했습니다. 뒤이은 전한은 유방의 외척인 여呂씨가 황제권을 위협할 정도였죠. 전한은 외척인 왕망에게 망했고요. 후한도 환관과 외척이 강했습니다. 삼국지연의 초반에 나오는 십상시十常侍와 하진이 바로 환관과 외척입니다.

북위는 외척을 막고자 자귀모사子貴母死 제도를 시행했습니다. 아들이 태자가 되면 그 어머니를 죽이는 제도입니다. 그러나 후궁이 권력을 행사해서 의미가 없어졌습니다. 수나라는 북주의 외척인 양견이 옥좌를 빼앗아 세운 나라입니다. 당 후반기에는 환관이 황제를 마음대로 바꿀 정도로 횡포가 심했습니다. 명나라도 환관의 횡포가 심했는데, 특히 위충현은 명나라 멸망에 아주 큰 책임이 있지요.

우리나라에서도 고려 때는 환관이 횡포를 부린 경우가 있습니다. 하지만 조선은 잘 짜인 시스템으로 환관의 횡포가 들어설 여지를 막았습니다. 하지만 외척은 시스템으로 막지 못했습니다. 그래서 외척이 강한 경우는 여럿 있었지요. 말기의 세도정치 시기를 빼면 가장 외척이 강했던 시대가 명종 때였습니다. 그런데 그 권력을 몹시 나쁜 쪽으로 썼지요. 성렬대비 시절에 백성의 삶은 극도로 피폐해졌습니다.

지혜　　　수령의 탐욕은 심했는데, 수령고소금지법은 여전히 살아 있었습니다. 이제 국가 시스템이 완성되었으니 폐지되어야 할 법인데 말입니다. 바로 명종 때가 의적으로 알려진 임꺽정이 활동한 시기죠.

김 선생　　　임꺽정林巨正은 백정 출신으로 황해도에서 활동했는데, 백성을 도운 게 아니라 의적이라 보기는 애매합니다. 여기서 백정에 관해서 언급해보겠습니다. 고려 시대에 가축을 도살하는 사람은 주로 귀화한 북방 유목민이었습니다. 그들은 유럽에서 집시가 그랬듯이 국가에 속하지 않고 독립된 존재였지요. 세종은 이들을 양인과 똑같이 백정이라고 부르면서 정착할 수 있도록 힘을 기울였습니다. 참고로 세종은 여진, 일본, 중국에서 온 귀화인에게 집과 식량을 주고 잔치도 베푸는 포용정책을 했습니다.

　흔히 조선이 이민족에 배타적이라는 편견이 있는데, 백정에게 기울인 노력을 보면 그렇지 않았습니다. 이들이 살인과 강도 짓을 많이 했음에도 계속 포용하려고 했거든요. 유럽이 유대인과 집시에 가했던 차별과 비교하면 조선이 훨씬 이민족에 관대한 국가였습니다. 조선 내 이민족은 임꺽정의 난이 실패하면서 몰락합니다. 이후 조선은 임진전쟁 때 항복 왜군을 받아들이는 것을 제외하면 이민족에게 배타적인 자세로 변해갑니다.

지혜　　　그렇군요. 이민족 얘기가 나왔으니 일본 쪽을 살펴보겠습니다. 명종 때 중요한 사건으로 을묘왜변이 있습니다. 중종 때 삼포왜란, 사량진왜변에 이은 일본 왜구의 침략인데요. 이때 일본은 어떤 상황이었나요?

김 선생　　　앞서 연은분리법 설명할 때 말한 대로 일본은 센코쿠 시대였죠. 다이묘가 저마다 세력을 키울 때였고, 일부 무사들이 바다 건너 조선과 명으로 침입했습니다. 가까운 조선으로 많이 왔을 것 같지만, 명나라 남부 해안이 더 큰 피해를 보았습니다. 참고로 명나라는 북쪽 국경도 취약해졌습니다. 알탄 칸을 중심으로 한 타타르 세력이 1550년에 베이징을 공격한 사건도 있습니다. 이러한 왜구와 타타르의 침입을 '북로남왜北虜南倭의 화'라고 하지요.

하인리히 법칙이란 게 있습니다. 한 번의 대형 참사 전에는 29번의 작은 사고와 300번의 조짐이 있다는 것입니다. 조선과 명나라가 이렇게 침입을 받으면 조만간 전면전이 일어날 가능성이 있다고 봐야겠지요. 조선도 위기를 느껴 을묘왜변 때부터 임진전쟁 직전까지 왜구의 침략에 대비합니다. 하지만 일본은 도요토미 히데요시가 패권을 잡은 후, 조선의 상상을 현격히 뛰어넘는 대규모 병력을 동원한 전면전을 일으키고야 맙니다. 1592년 선조 때 임진전쟁이죠.

4. 임진전쟁을
   어떻게 봐야 하는가?

지혜   드디어 선조 시대가 나오는군요. 지금까지 우리는 15세기에 절정을 누렸던 조선이 16세기에 아쉬운 면모를 보이며 위기 상황으로 들어가는 것을 살펴봤습니다. 그리고 이제 최대 위기인 임진전쟁이 터집니다.

임진전쟁을 설명하기 전에 선조 때 발생한 또 다른 중요한 사건인 붕당의 등장부터 보도록 하죠. 붕당이 임진전쟁 예측과도 밀접한 관련이 있으니까요.

김 선생   대표 성리학자인 서경덕, 조식, 이황, 이이가 모두 16세기에 활동했다는 것, 그들의 제자들이 서원을 통해 배출되었음을 얘기한 바 있습니다. 선조 시대에 그들의 제자들은 본격적으로 중앙 정치 무대에서 활동하는데요. 선조가 사림을 우대했기에 훈구 세력도 사림으로 녹아듭니다. 훈구파가 숙청된 것은 아닙니다. 한국이 민주화가 되면서 군사독재 시절에 고위 공직에 있던 사람이 자연스럽게 민주화 세력에 합류한 것과 같습니다. 서양에서 지주 계급이 부르주아로 변신한 것과도 같습니다.

사림은 학맥에 따라 여러 당으로 갈립니다. 이황·서경덕·조식의 제자는 동인東人을 이루고, 이이·성혼의 제자는 서인西人을 이루지요. 이이는 붕당을 막고자 노력했으나 사태는 오히려 악화되었습니다. 이때부터 조선은 붕당정치 시대가 열립니다.

동인과 서인은 1589년에 일어난 기축옥사로 갈등이 극심해집니다. 기축옥사는 '정여립의 난'으로 인해 동인의 많은 인사가 처형당한 사건이죠. 오늘날에는 정여립이 누명을 썼다는 견해가 유력합니다. 이 사건으로 호남 지방의 동인은 큰 타격을 입었고 이후 호남은 중앙 권력에서 소외되지요. 이때 동인을 처형하는 데 앞장섰던 사람이 정철이었죠. '관동별곡', '사미인곡'으로 국문학사에는 이름이 높지만 당시 동인에게는 증오의 대상이었습니다. 동인은 정철을 실각시키는데 그의 처벌을 놓고 온건파와 강경파로 분열됩니다. 이황의 제자는 온건파인 남인南人, 서경덕과 조식의 제자는 강경파인 북인北人을 이룹니다.

붕당의 폐해로 자주 거론되는 것이 임진전쟁 직전 사신들의 예측인데요. 일본에 다녀온 서인 황윤길은 전쟁 발발을 확신했는데, 동인 김성일은 전쟁 가능성이 없다고 주장했지요. 동행했던 서장관 허성과 무장 황진도 전쟁을 예측했지만, 선조는 당시 집권당인 동인의 손을 들어줍니다. 그런데 같은 동인인 류성룡이 쓴 『징비록懲毖錄』에

의하면 김성일은 전쟁이 없다고 단정할 수 없으나, 나라가 불안에 휩싸일까 봐 그랬다고 합니다. 이렇게 보면 상대 당의 의견에 일부러 반대를 표명한 것이 아닌가 하는 의심이 들 수밖에 없죠. 붕당의 갈등이 전쟁 초기 패전의 가장 큰 원인으로 보기는 어렵지만 더 철저히 대비하지 못한 원인은 되었겠지요.

지혜   아마 선조와 조정 중신들은 대규모 전쟁 자체를 상상하기 어려웠을 것입니다. 조선 건국 이후에 한반도에서는 이렇다 할 전쟁이 아예 없었으니까요. 조선만큼 전쟁이 적었던 나라는 세계사에서 유례가 없지요?

김 선생   그렇습니다. 혹자는 한국이 끊임없이 외세에 침략받았다고 주장하는데 무지한 발언입니다. 유라시아 대륙의 아무 나라나 찍어서 역사를 살펴보면 한국보다 전쟁을 적게 치른 나라는 단 하나도 없습니다. 대륙 복판의 아프가니스탄 역사를 보면 온갖 민족의 침입이 정리하기 힘들 정도입니다. 가까운 중국만 해도 왕조 교체가 훨씬 많았고, 대규모 반란도 즐비했습니다. 동시대의 명나라도 북방 민족과 전쟁을 겪었는데 조선은 지정학적으로 유라시아 대륙의 동쪽 끝에 있었기에 전쟁에 많이 휘말리지 않았습니다. 흔히 한반도를 대륙과 해양의 중간이라 지정학적으로 전쟁 가능성이 크다고 얘기하는데, 한일 간의 전쟁은 인접 국가 중에서는 매우 적었던 편입니다. 영국과 프랑스, 프랑스와 독일, 폴란드와 러시아, 이런 국가는 그

야말로 끝없이 싸웠죠.

내전도 적었습니다. 특히 조선 전기의 발달한 시스템은 임금이 민생을 돌보게 했고, 신하와 백성이 임금을 우러르게 했으니 내전 발발 가능성을 줄였습니다. 반면 일본은 내란이 잦았고, 민생을 돌본다는 개념이 약했기에 농민봉기도 많았습니다. 모두 실패했지만요.

지혜　　　조선은 여진족과 국지전, 왜구와 국지전밖에 없었죠. 그러다 임진년에 전면전을 맞았는데요. 이제 임진전쟁을 본격적으로 살펴볼까요? 먼저 용어부터 정리해 주시죠.

김 선생　　　임진전쟁을 부르는 명칭은 다양합니다. 임진왜란이란 용어가 많이 쓰이는데 규모가 큰 국제전이라서 난으로 보기에는 부적절합니다. 조일전쟁, 7년전쟁, 동아시아대전 등으로도 쓰입니다. 일본에서는 분로쿠의 역, 중국에서는 항왜원조抗倭援朝를 주로 씁니다. 별칭으로 도자기전쟁도 있습니다. 조선사의 주요 사건은 일어난 연도의 60간지로 명명하는 것이 기본이므로 임진이란 말을 넣는 것이 자연스럽습니다. 그래서 임진전쟁이 가장 무난하면서 적확한 표현입니다.

임진전쟁 당시 일본의 실권을 쥐고 있던 쇼군將軍은 도요토미 히데요시였지요. 그는 일본을 장악한 후에 명나라를 치겠다는 야심을 갖고 먼저 조선을 침공합니다. 도요토미는 필리핀, 태국, 타이완, 인도의 고아Goa까지 점령하겠다는 문서를 각국에 보낼 정도로 몽상이 컸습니다. 소수의 왜구가 명나라 군대를 농락하며 해안을 쓸고 다녔는데, 전투 경험이 풍부한 수십만의 병력을 동원하면 가능하리라 믿었던 것이죠. 완전무장한 병력만 20만 정도 되는 대규모 군대가 움직인 경우는 그때까지 지구에서 별로 없었습니다. 유럽은 몇만 명 동원도 힘겨웠고, 중국은 숫자는 많지만 수송부대 등을 빼면 정예병은 적었거든요.

참고로 임진전쟁이 다이묘들의 세력 약화를 위한 것이란 주장도 있는데 틀린 얘기입니다. 조선 출병 때 도요토미가 가장 견제해야 할 다이묘인 도쿠가와는 참전하지 않았거든요. 참전은 도요토미에게 충성하는 다이묘 위주로 이루어졌습니다. 도요토미는 전쟁에서 이길 것으로 생각했으니까요.

지혜　　　도요토미의 꿈은 전쟁 초반에는 이루어질 것처럼 보였습니다. 일본은 쉽게 서울을 차지하고 평양까지 점령하는데, 이렇게 초반 승리를 거둘 수 있었던 이유는 무엇인가요. 전쟁의 전개 과정과 함께 설명 부탁합니다.

김 선생　　　일본군은 부산에 상륙합니다. 부산진 첨사 정발과 동래부사 송상현은 용감하게 싸웠으나 장렬히 전사하지요. 그다음부터는 순식간에 뚫려버립니다. 조정에서는 여진족을 격파하며 이름을 얻은 장군 신립과 이일을 파견하는데 이일은 상주에서 패전하지요. 병력이 모이지 않았기에 전투를 제대로 해보지도 못했습니다. 조선 제일이라는 평가를 받던 신립은 험준한 요새인 조령을 버리고 충주 탄금대에 배수진을 칩니다. 하지만 신립의 기병대는 내리는 빗줄기에 땅이 질편해져 제대로 능력을 발휘하지 못하는 불운을 겪지요. 신립이 전사하고 일본군이 서울로 몰려오자 선조는 피난길에 오릅니다. 서울을 점령한 일본군은 지역별로 진격하지요. 고니시 유키나가는 평양을 점령하고, 가토 기요마사는 함경도에서 조선의 임해군과 순화군을 포로로 잡습니다. 이때까지만 해도 일본은 기대 이상의 승전을 거둡니다.

전쟁의 법칙이 있는데 단기전은 장군의 역량과 무기의 우수함이 승패를 결정하고, 장기전은 인구와 경제력이 결정합니다. 일본은 육전에서 장군들의 전쟁 경험이 많았고, 조총으로 무장했으니 대승을 거둘 수 있었죠. 하지만 이러한 일본의 기세는 예상 외로 바다에서 무너져 내립니다. 조선은 전라좌수영을 이끈 불세출의 명장 이순신의 지휘 하에 거북선, 판옥선, 화포를 바탕으로 연전연승을 거둡니다. 해전마다 사상 유례가 없는 일방적 대승이었죠.

지혜　　　이순신 아니면 조선이 망했다고 하는데요. 그만큼 이순신의 활약이 엄청났는지요? 다른 장수면 불가능했을까요?

김 선생　　　역사를 특정 인물이 결정한다는 영웅주의 사관은 가급적 자제해야 합니다. 만약 이순신이 조선 말기 고종 때 태어났다면 일본군을 그렇게 무찌를 수 있다고 장담할 수 없겠지요. 무기와 시스템이 너무 낙후되어 혼자 단기간의 혁신으로는 불가능했을 상황이니까요. 하지만 그런 지적에도 불구하고 이순신은 역사를 바꾼 성웅으로 불릴 자격이 넘치는 장군입니다. 전쟁이 발발하자 조선 수군의 주력이었던 경상우수영을 맡았던 원균은 판옥선 수십 척을 자침시키고 도망쳤습니다. 그런 상황에서 이순신이 경상도 바다까지 나가서 상상 이상의 눈부신 승리를 거둔 것입니다. 평양까지 진격했던 일본 육군이 물러났던 이유도 이순신의 수군이 보급로를 끊어서였죠. 더구나 이순신은 정부 지원을 받지 못하고 군량이며 무기를 모두 자체 마련했고, 오히려 다른 부대에 보급해 줄 정도였습니다.

이순신으로 인해 일본군이 곤경에 처해 있을 때 명나라 군대가 참전합니다. 조선 전역에서 의병이 일어나고, 관군의 분전도 잇따릅니다. 전선이 교착 상태가 되자 명나라와 일본 사이에 회담이 열리지요. 하지만 강화는 이루어지지 않았고, 일본은 다시 대규모 병력을 동원해 침공하는 데 이를 정유재란이라고 합니다. 이순신이 파직되자 후임을 맡은 원균은 칠천량 해전에서 대패하고 조선 수군은 와해합니다. 원균의 함대를 박살 낸 일본은 바다를 장악하고 조선 백성을 노예로 잡아가기 시작합니다. 곡창인 호남지방도 점령당해 조선은 위기에 빠지지요. 하지만 이순신이 명량에서 일본군을 격파해서 제해권을 되찾았고 일본은 다시 궁지에 몰립니다. 이때 도요토미가 병으로 사망하고, 일본군은 철수하지요. 안타깝게도 이순신은 마지막 노량 해전에서 전사합니다. 고의로 죽음을 맞았다는 자살설, 살아서 어딘가 숨었다는 은둔설도 있습니다.

지혜　　몇몇 사람이 원균 명장론에 현혹되어 원균의 장점과 이순신의 단점을 찾고자 덤볐지요. 하지만 연구를 할수록 이순신의 숨은 장점만 드러났다고 하네요. 그런데 이순신 외에도 조선을 위해 싸운 사람들이 많았죠. 이순신의 승리 외에 조선이 방어할 수 있었던 이유는 무엇일까요?

김 선생　　우선 명나라의 참전을 꼽을 수 있습니다. 한국사의 주체적 모습을 강조하다 보니 명나라 군대는 백성에게 피해만 줬다는 오해가 있는데요. 명나라 군대가 큰 도움이 되었던 것은 확실합니다. 특히 정유재란 때는 명나라군의 병사 수가 조선군보다 더 많았습니다.

관군도 초기의 무력한 모습과 달리 권율과 김시민 등이 잘 싸웠지요. 류성룡 등 조정 관료들의 헌신도 있습니다. 류성룡은 면천법免賤法을 제정해 노비의 참전을 유도했습니다. 임진전쟁 준비 부족의 원흉이 되었던 김성일도 영남 지역을 다니며 군사를 모으는 데 노력했지요.

곽재우, 정인홍, 조헌을 비롯한 의병과 서산대사와 사명당을 비롯한 승병의 활약도 빼놓을 수 없습니다. 일본에 협조한 백성도 있었지만, 맞서 싸운 경우가 더 많았습니다. 일본군은 조선 백성이 자발적으로 국가를 위해 목숨 걸고 싸우리라는 것을 예측하지 못했습니다. 일본에서 전투는 사무라이가 하는 것이지, 일반 농민은 강제 동원 대상이었거든요. 농민은 어느 다이묘가 이기건 삶이 달라질 것이 없었기에 전쟁에 참여할 이유가 없었거든요. 유럽도 중세에는 기사 위주의 전투를 했고요. 인도에서도 정치와 군사를 담당하는 크샤트리아 계급만 전쟁에 나갔습니다. 중국에서만 농민을 대량으로 징집했기에 곧잘 수십만 대군 얘기가 나오곤 하지요.

여기까지는 자주 거론되는 얘기인데요. 한 가지 추가하면 태종부터 문종 때까지 닦아놓은 업적입니다. 거북선과 화포도 그때 기술이고요. 의병도 유교 시스템이 긍정 효과를 낸 것으로 봐야 합니다. 명나라의 참전도 그때부터의 동맹 외교가 성과를 낸 것입니다. 흔히 명나라의 참전 이유를 조선이 무너지면 명나라 본토에서 일본과 전쟁을 벌여야 하는 현실을 계산했기 때문이라고 말합니다. 하지만 그에 못지않게 오랜 동맹국의 요청을 외면할 수 없었던 것도 참전의 주된 이유였습니다. 한국에서는 외국의 요청에 따라 군대를 파병한 것도, 외국 군대 파병을 요청한 것도 자주성 상실로 여기는 경우가 있는데요. 일차로 자주국방이 중요하지만, 동맹관계도 그에 못지않게 중요합니다.

동맹국끼리 군대를 파병해주는 것은 세계사에서 흔한 일입니다. 프랑스가 미국과 영국 도움으로 나치를 이겼지만 전승국 행세를 하는 데 당당하지 않습니까? 반면 1, 2차 세계대전에서 독일은 뛰어난 군사 능력에도 불구하고 외교의 실패로 패전국이 되었죠. 고구려가 안시성에서 당태종을 막아낸 것도 설연타薛延陀의 도움이 컸습니다.*

지혜   이제 임진전쟁의 결과를 살펴볼까요. 조선은 방어는 했지만, 피해를 많이 입었고요. 일본은 대륙 진출의 목적은 달성하지 못했지만, 조선에서 잡아 온 백성들로 인해 기술과 학문이 발전했지요. 명나라는 조선 참전으로 인해 국력이 약해져서 위기를 맞게 되죠. 특히 주목할 부분이 끌려간 백성입니다. 어느 정도였나요?

김 선생   일본 주장 2만 명, 조선 추산 10만 명에 달합니다. 이 중에 7000명 정도만 조선으로 귀환합니다. 조선으로 귀국했을 때의 대접은 좋지 않았습니다. 당장 귀국하는 배에서부터 관리가 남편을 죽이고 아내를 겁탈한 후에 노비로 삼는 경우가 나왔습니다. 일본에 남은 조선인은 혹사당했고, 상당수는 포르투갈인에게 노예로 팔렸습니다. 임진전쟁이 결과적으로 노예전쟁이 되었다는 견해도 있습니다.

도자기 기술자는 일본의 대우가 훨씬 좋았기에 남았습니다. 이때부터 일본은 도자기 기술이 크게 발전했고, 유럽으로 수출도 시작합니다. 아리타 자기有田燒는 유럽 내에서 명품으로 인정받았지요. 임진전쟁이 도자기전쟁이라고 불리는 이유입니다. 동서양을 막론하고 전쟁 때 죽이지 않는 포로가 과학기술자입니다. 대학살자였던 티무르도 기술자는 데려가서 수도 사마르칸트를 건설하는 데 썼고요.

---

*   설연타는 튀르크 계통의 민족으로 당시 북방의 강자였다. 연개소문이 설연타에 사신을 보내 당의 배후를 찌를 것을 요청했다. 그로 인해 당나라는 안시성 공격을 40일 늦추었고, 겨울까지 전투가 이어지자 추위로 인해 철군했다.

2차 세계대전 이후에 나치 전범 중에 로켓 과학자는 미국에 건너가 좋은 대접을 받았지요.

일본은 임진전쟁 때 학자도 데려갔고, 그 후 일본 성리학이 발전합니다. 일본 성리학은 19세기 후반부의 존왕양이尊王攘夷* 사상으로 이어지지요. 존왕양이는 일본 덴노天皇를 높이고 서양을 배척하자는 의미인데요. 일본은 '양이'는 철회했지만, '존왕'은 강조하여 덴노 중심의 근대국가를 수립하지요.

* 존황양이라고도 한다. 일본의 덴노를 한자대로 천황으로 표기할지 일본의 군주라는 의미로 일왕으로 표기할지는 견해가 나누어진다.

5. 선조는 유능했나
무능했나?

지혜　　　임진전쟁을 얘기하면서 선조에 대한 평가를 빼놓을 수 없습니다. 선조는 어떤 왕입니까? 아마 조선 전체 왕 중에서 가장 논란이 많은 왕이라 여겨지는데요.

김 선생　　　그렇습니다. 선조를 긍정하는 사람은 인재를 잘 등용하고, 국난을 극복한 유능한 왕으로 평가하고, 선조를 부정하는 사람은 연산군, 인조와 더불어 조선 최악 군주로 보고 있습니다. 그 근거를 하나씩 살펴보겠습니다.

　부정적인 첫 번째 이유는 선조가 임진전쟁 대비를 제대로 하지 못했다는 것입니다. 반론은 선조는 여진족 대비는 잘했으며, 임진전쟁의 부실한 준비는 수양 이후 누적된 폐단이 나타난 것으로, 특히 명종 때의 실정이 더 컸다는 것입니다. 이 점은 딱히 어느 왕의 책임이 더 크다고 말하기 어렵습니다. 요즘도 사건이 터지면 현 정권 책임인지, 지난 정권의 책임인지 공방이 있게 마련이죠. 다른 나라 역사를 공부할 때도 항상 있는 논쟁입니다.

부정적인 두 번째 이유는 당파 싸움이 선조 때 본격적으로 시작되었다는 점입니다. 반론은 인종, 명종 때의 외척 대립이나 조선 말기의 세도정치에 비하면 붕당정치는 긍정적인 면도 있으며 서구의 정당정치와 비견된다는 것입니다. 처음부터 완벽한 제도는 어렵다고 본다면 붕당정치를 시행하면서 그 장점을 살려 나가는 것이 바람직하겠지요. 붕당정치가 17세기에 극한 대립으로 이어진 것까지 선조가 책임질 이유는 없다고 봅니다. 그 점에서 붕당정치의 시작이 나쁜 것이라고는 생각되지 않네요. 참고로 유럽에서 정당정치가 처음 시행된 것이 잉글랜드의 1678년이니 조선이 유럽보다 100년 정도 빠릅니다.

부정적인 세 번째 이유는 선조의 인재를 대하는 방식입니다. 이순신을 파직시키고 원균을 기용한 것이 최악의 실책이고요. 임진전쟁 이후에도 공신 선정이 지극히 편파적이었습니다. 선조가 의주로 도망칠 때 함께했던 신하들을 호성공신으로 대거 책봉한 것에 반해 무장의 책봉에는 지극히 인색했지요. 곽재우 등 의병장이 제외되고 정발, 송상현처럼 장한 순국을 했던 이들도 빠졌습니다. 충의지사에 대한 대접이 선조 옆에 있었던 내시와 말 관리사보다도 못했던 것이지요.

옹호론은 애초에 무명이었던 이순신을 초고속 승진시켜 전라좌수사로 기용한 것도 선조였다는 것이죠. '적의 기술이 우리의 기술이다'라며 왜군 포로를 죽이지 않고 조총 개발에 투입할 것을 지시했습니다. 그 후 항복한 일본군은 1만여 명에 달했고, 김충선金忠善같이 조선 이름을 부여받고 참전했습니다. 선조 때 이원익, 류성룡, 이덕형, 이항복, 허준 등 조선을 빛낸 인물이 대거 등장한 것은 선조가 사람 보는 눈이 탁월했다는 것입니다. 종합하면 인재를 보는 안목은 있지만, 인재를 대하는 자세는 그릇되었다는 것으로 정리하겠습니다.

네 번째 이유는 임진전쟁 때 도성을 버리고 도망간 것입니다. 백성들이 돌을 던질 정도로 비겁한 행동이었다는 것이 비판 이유입니다. 반론은 왕이 잡히면 패배가 결정되니 몸을 피하는 것이 최선이란 주장이지요. 한고조의 예를 봐도 왕이 내팽개치고 도망친 것은 동아시아에서 큰 문제는 아니었습니다. 중국사를 보면 이민족에게 황제가 잡힌 치욕으로 '영가의 난', '정강의 변', '토목의 변'*이 있습니다. 셋 모두 황제의 일족이 새 황제로 즉위해 국가의 명맥을 이어갔는데요. 선조가 잡혔다면 병자전쟁 때처럼 항복했을 가능성도 있고, 중국의 사례처럼 왕족 한 명이 명맥을 이어 저항했을 수도 있습니다. 왕세자가 결정되기 전의 상태였기에 대혼란이 올 수도 있었고요. 다만 선조가 개인의 안위를 중시하는 군주라는 것은 확실합니다. 선조는 명나라 망명까지 고려했고, 이후 백성을 위무하고 다닌 일은

---

* 영가의 난은 서진이 흉노족에게, 정강의 변은 북송이 여진족에게, 토목의 난은 명나라가 오이라트족에게 당한 것이다.

세자 광해군이 도맡아 했습니다.

다섯 번째는 무책임한 자세입니다. 선조는 전쟁 중에 15차례나 물러나겠다는 뜻을 밝힙니다. 역대 조선 왕은 종종 물러나겠다는 쇼를 했는데, 그것은 오히려 왕권 강화를 위한 술책이었습니다. 가끔 해야지 선조처럼 15번이면 너무 심했지요. 신하들과 세자는 뻔한 쇼에 매번 시달리니 죽을 맛이었을 겁니다. 이 점은 변명할 여지 없이 선조의 잘못입니다. 선조는 임진전쟁에 어떠한 책임도 지지 않았습니다. 이 점은 금나라와 전쟁에서 수도를 빼앗기고 강남으로 옮겨간 송나라와 대비됩니다. 송나라 고종은 끊길 뻔한 사직을 이은 후에 양자에게 양위하고 옥좌에서 물러났거든요. 그런데 선조는 전쟁 후에는 신하들의 양위 권유에도 물러나지 않고 오히려 세자와 갈등을 빚었습니다. 그 점에서 존경받을 수 있는 군주는 결코 아닙니다.

끝으로 선조에 대한 평가가 갈리는 것은 현대사와 묘하게 겹치는 지점이 있어서 그렇습니다. 선조가 도망쳐서 명나라에 구원을 요청한 일이, 현대사의 한 대통령이 6·25 전쟁 초기에 도망쳐 미국에 도움을 요청한 것과 겹치는 면이 있거든요. 그래서 현대사에서 그 대통령을 옹호하는 사람은 선조도 옹호하게 되고, 비판하는 사람은 선조를 비판하는 위치에 서기 쉽습니다. 현대사 평가에 조선사 평가가 휘둘리는 것입니다. 여러모로 선조는 논란이 참 많은 왕입니다.

지혜　　어떤 이들은 조선이 이때 망했어야 했다고 주장하기도 합니다. 일본에 빼앗겨야 한다는 의미는 아니고, 임진전쟁 이후 새로운 비전을 가진 세력이 정권을 뒤엎어야 한다는 의미죠. 그런데 선조는 임진전쟁 중에 있었던 이몽학李夢鶴의 지엽적인 반란 정도를 맞이했을 뿐, 별다른 시련 없이 임진전쟁 이후에도 나라를 이끌어갑니다. 조선 왕조가 큰 저항 없이 잘 유지된 이유는 무엇일까요?

김 선생　　세계사를 보면 조선처럼 통일왕조가 500년을 간 경우가 거의 없습니다. 일본은 국가 명칭은 변화가 없지만, 권력은 가마쿠라 바쿠후幕府, 무로마치 바쿠후, 이런 식으로 계속 이동합니다. 유럽 국가들도 국가 명칭은 유지되지만 왕조는 교체되거든요. 유럽과 동아시아는 왕조의 성격이 다르니 단순 비교는 곤란하지만요. 프랑스를 예로 들면 카페 왕조, 발루아 왕조, 부르봉 왕조와 같은 식으로 바뀝니다.

　조선 왕조가 유지된 비결은 역시 정도전의 설계도에 따라 태종에서 문종까지 잘 짜놓은 시스템 때문이죠. 중국에서 가장 오래 존속한 왕조가 319년 유지된 송나라인데요.* 조선 전기는 중국 왕조 중에 송나라와 가장 유사합니다. 조선 전기와 같은 시대 왕조인 명나라가 대명률을 비롯한 많은 영향을 줬음에도, 조선은 경제 분야만 제외하

---

*　426년 존속한 한나라가 더 길다는 견해가 많다. 하지만 한나라는 전한과 후한 사이에 왕망의 신나라가 명백하게 가르고 있다. 후한의 광무제는 전한에게 직접 계승받은 것이 아니다. 영토를 기준으로 한다면 한을 하나로 보고 송은 북송과 남송으로 나누는 것이 맞겠지만, 왕조의 연속성으로 평가하면 송은 단일 왕조고, 한은 전한과 후한을 나누는 게 맞다.

면 오히려 송나라를 더 많이 닮았습니다.

송나라는 공정한 시험으로 선발된 사대부가 민생을 중시하는 도덕 정치를 했죠. 그로 인해 송나라는 내부 반란도 다른 왕조보다 적었고요. 충신은 악비, 문천상 등 무수히 배출했습니다. 반면 송나라는 문치주의에 젖어 국방이 약했고, 붕당정치의 폐해도 있었습니다. 조선과 단점도 같았던 것이죠.

송나라는 중간에 여진족의 침입으로 수도가 함락되어 황제가 포로로 잡혀가는 위기를 겪습니다. 중간에 임진전쟁에 비견되는 위기를 맞은 것도 같습니다. 사가들이 북송과 남송으로 분리해서 설명하기 때문에 종종 존속 기간이 짧은 것처럼 오해되는데요. 화북 영토의 상실 외에는 변화된 것이 없고, 무엇보다 당시 사람들에게 나라가 망했다는 인식이 없었기 때문에 단일 왕조로 보아야 합니다. 정리하면 조선과 송나라가 국난에도 불구하고 존속할 수 있었던 이유는 시스템이 좋았기 때문입니다.

지혜　　　임진전쟁은 조선과 일본 양국의 시스템을 비교할 수 있는 무대였을 것 같습니다. 조선과 일본은 각각 무엇이 앞서 있었을까요?

김 선생　　　당시 조선인은 체구가 일본인보다 훨씬 컸습니다. 조선이 농업기술이 훨씬 우세해 농업 생산량이 많았고, 자연스럽게 식사량도 많았거든요. 게다가 농민의 조세 부담률이 훨씬 낮았고, 국가의 구휼 시스템도 갖춰졌기에 일반 농민의 삶의 질은 훨씬 나았습니다. 반면 일본은 포르투갈과 교역을 하면서 같은 일본인을 노예로 팔 정도로 인권 의식이 낮았습니다.

다만 일본이 나았던 것도 있습니다. 일본은 화폐 경제가 발달했습니다. 반면 조선은 화폐 유통이 미비했죠. 일본군은 물론이고 명나라 군대도 조선 농민을 약탈했는데, 돈으로 식량을 살 수 없었던 것도 원인이었거든요. 그 정도로 조선의 상업 시스템은 약했고, 이것은 앞서 비유한 중국 송나라와도 차이점입니다. 16세기의 가장 큰 특징은 세계 대부분이 상업망으로 엮인 것인데, 조선은 소외되었습니다.

지혜　　　이제 16세기를 마무리할 때가 되었네요. 조선은 15세기의 절정을 이어가지 못하고 16세기에 위기를 맞았습니다. 이제 17세기에는 어떻게 변할지 궁금하네요. 시대가 바뀌면 시스템도 전환해야 하는데 말입니다.

다음에는 전환을 주제로 17세기 역사를 살펴보겠습니다.

IV

전환

17세기,
변화에 어떻게
대처했는가?

1. 광해군은
오해받고 있는가?

지혜　　　17세기는 선조(1567-1608), 광해군(1608-1623), 인조(1623-1649), 효종(1649-1659), 현종(1659-1674), 숙종(1674-1720)의 시기입니다. 17세기 동아시아의 특징은 전환기라는 점입니다. 중국에서는 명나라가 청나라로 교체되고, 일본에서는 도요토미 가문이 멸망하고 도쿠가와의 에도 바쿠후가 들어섭니다. 지배자의 변화뿐 아니라 사회와 경제 부문에서도 커다란 전환이 있었습니다. 먼저 국제 정세의 변화부터 보도록 하죠.

김 선생　　　일본에서는 도요토미 히데요시가 죽은 후에 다이묘들이 둘로 갈라져 내전을 벌입니다. 도요토미의 비서 격이었던 이시다 미쓰나리가 끌어들인 세력을 서군, 도쿠가와 이에야스를 중심으로 뭉친 세력을 동군이라 부르지요. 임진전쟁에 참전한 다이묘 중에서 고니시, 우키타, 시마즈는 서군으로 가담했고 가토, 구로다, 도도는 동군에 합류했습니다. 두 진영의 주력부대는 세키가하라에서 전투를 벌이는데 동군이 승리합니다. 패권을 장악한 도쿠가와 가문은 에도 바쿠후를 세운 후 1867년까지 일본을 통치합니다. 에도 바쿠후는 조선과 다시 수교를 맺지요. 임진전쟁은 도요토미가 일으켰고 도쿠가와는 참전하지 않았으니 책임이 없다는 논리로 조선도 수교에 동의합니다. 조선은 일본과의 전쟁 위협을 덜고 무역에서 이익을 챙겼습니다.

명나라는 쇠약해졌습니다. 임진전쟁에 지출한 막대한 경비로 재정 적자가 심각해졌습니다. 임진전쟁 전후의 황제 만력제는 역사에서 손꼽을 정도로 무책임한 황제였습니다. 그 틈에 만주에서는 여진족이 세력을 규합해서 후금을 세웁니다. 동아시아의 판도가 빠르게 전환되는 순간입니다. 조선은 이제 북쪽 국경이 불안해졌습니다.

임진전쟁을 겪은 조선의 피해는 막대했지요. 인구도 줄고, 세금을 거둘 경작지도 감소했습니다. 17세기 초의 조선은 힘들게 출발했습니다.

지혜　　　조선에서는 선조의 뒤를 이어 광해군이 즉위합니다. 광해군은 세자 시절에 매우 유능했고, 임진전쟁 때 선조를 대리해서 현장을 누비고 다녔죠. 그래서 붕당을 초월해 지지를 얻었다고 하는데요. 즉위한 후에 폭군으로 변해서 독주하다 쫓겨나는 비극을 겪고야 맙니다. 왜 이렇게 되었는지 자세히 알아보죠.

김 선생　　　광해군은 선조의 서자였습니다. 형인 임해군이 있었으나, 그는 워낙 물의를 많이 일으켰기에 광해군이 세자로 책봉됩니다. 그런데 문제는 선조가 뒤늦게 적자인 영창대군을 얻은 것입니다. 집권당인 북인은 이 문제로 대북大北과 소북小北으로 갈라집니다. 광해군은 임진전쟁 때 보여준 능력이 있었기에 대북을 비롯하여 서인과 남인의 지지를 고루 받아 즉위에 성공합니다. 하지만 이 과정에서 광해군이 받은 스트레스는 적지 않았던 것으로 보입니다. 그래서 광해군은 권력에 강한 집착을 보이게 됩니다.

　광해군은 형인 임해군과 동생인 영창대군을 귀양 보내서 죽게 만들고, 계모인 소성대비*를 유폐시키지요. 권력은 비정한 것이지만, 조선에서는 경쟁자를 보살펴준 경우가 여럿 있었습니다. 태종은 2차 왕자의 난 때 친형인 이방간을 죽이지 않았고, 왕위에 오른 후 전임자 정종의 안전을 보장했습니다. 세종은 인격 파탄이 심각했던 친형 양녕대군을 따뜻이 감쌌고, 성종도 왕위 계승 후보였던 월산군과 제안대군을 우애로 대했습니다. 이런 선례를 놓고 보면 임해군과 영창대군을 죽게 만든 것은 비판받을 사건이었습니다. 특히 유교 사회에서 모친을 유폐했다는 것은 반정의 명분으로 충분했습니다.** 폐모廢母는 대북에서도 원로인 기자헌이 반대할 정도였으니까요.

---

*　보통 인목대비로 잘 알려져 있는데 왕후로서 시호는 인목왕후고, 대비로는 소성대비다. 실록에도 인목대비라 서술한 부분이 있기에 틀린 것은 아니지만, 다소 부정확한 표현이라 할 수 있다.

**　광해군이 선조를 독살했다는 설도 있다.

그런데 광해군은 이에 반대하는 원로 명신들을 유배 보냅니다. 또한 재위 기간에 많은 옥사를 주도했습니다. 너무 많은 이를 죽여서 서인과 남인의 지지를 잃었지요. 거기에 집권 세력인 대북은 골북, 중북, 육북으로 분열했기에 광해군의 기반은 약해졌습니다. 결국 인조반정이 일어날 때 광해군을 지탱해줄 세력은 미미했습니다.

물론 광해군도 할 말이 있겠죠. 광해군은 어린 영창대군을 당장 겁낼 필요는 없었지만 광해군 사후에 광해군의 아들과 영창대군 사이에 권력 싸움이 벌어질 가능성은 컸습니다. 광해군은 수양이 단종의 자리를 빼앗은 선례를 두려워했지요. 성종 때 월산군은 욕심이 없었고, 제안대군은 바보였기에 살아남을 수 있었습니다. 제안대군이 살아남기 위해 일부러 바보짓을 하면서 세월을 보냈을 것이란 추정도 있는데요. 왕위 승계에서 벗어난 사람은 의심을 사지 않으려는 노력을 해야 했습니다. 그런데 소성대비는 영창대군 앞으로 재산을 크게 불리고 있었습니다. 세력을 모으기 위한 준비로 오해되기 좋았습니다. 그 점에서 광해군이 영창대군을 제거한 것은 부득이한 조치란 의견도 있습니다. 광해군을 옹호하는 사람은 인조반정이 아니라 계해정변이란 표현을 쓰지요.

지혜　　광해군의 악행은 서인 정권의 조작이며 광해군은 유능한 군주라는 주장이 있습니다. 광해군이 유능했다는 주장은 영화와 드라마가 빚어낸 착각이란 재반론도 있고요. 어떻게 보아야 할까요?

김 선생　　　광해군은 폭군 맞습니다. 광해군의 업적으로 꼽히는 것이 대동법, 동의보감 편찬, 양전量田사업, 중립 외교인데요. 하나씩 짚어보겠습니다.

먼저 대동법입니다. 조선은 세금 제도로 중국에서 들여온 조용조租庸調 시스템을 계속 유지하고 있었습니다. 중국에서는 당나라 후기에 양세법兩稅法으로 바뀌고 명나라 때 일조편법으로 개정되었는데 한반도에서는 계속 조용조였습니다. 조용조는 백성이 조세, 부역, 특산물을 감당하는 것인데, 특산물을 바치는 과정에서 폐단이 많이 발생했습니다. 그래서 대동법은 특산물 대신 쌀로 내자는 제도였습니다. 광해군 때 시행되었기에 광해군 업적으로 오해하기 쉬운데, 재상이던 이원익이 주도했습니다. 경기도에서 먼저 시작되었는데, 신하들의 지속된 건의에도 불구하고 광해군은 확대를 반대했습니다. 이후 대동법은 인조, 효종, 현종을 거치며 정착되었습니다. 광해군이 기여한 바는 전혀 없었습니다.

두 번째로 동의보감 편찬인데, 허준을 왕과 세자의 주치의로 등용하고 서적 편찬을 명한 사람은 선조입니다. 동의보감이 완성된 시기가 광해군 때일 뿐이죠. 동의보감 편찬은 선조의 업적이라 봐야 합니다. 혹자는 선조의 죽음에 책임을 져야 했던 허준을 광해군이 구원했다고 하는데, 왕이 죽으면 어의는 형식적으로 유배되었다가 금방 복직되는 것이 관례였으니 특별히 광해군의 업적이랄 것은 아닙니다.

세 번째로 양전사업입니다. 임진전쟁 때 사라진 토지대장을 복구하여 세금 수입을 늘리려는 사업인데 앞뒤의 왕들도 시행했던 일입니다. 선조의 계묘양전, 인조의 갑술양전이 그것이죠. 인조가 갑술양전을 했다고 후세 학자들이 인조를 유능하다고 평가하진 않습니다. 당연히 해야 할 행정이었으니까요.

마지막으로 중립 외교인데요. 외교만큼은 광해군이 잘했습니다. 다만 부풀려진 부분은 있네요. 후금이 강성해지자 명나라는 조선에 출병을 요청합니다. 조선은 임진전쟁 때 명의 도움을 받았기에 거절하기 어려웠죠. 집권당인 북인도 친명 정책을 부르짖었지만, 광해군은 떠오르는 강자인 후금과 싸우는 것이 부담스러웠습니다. 그래서 광해군은 장수 강홍립에게 싸우는 척하다가 상황 봐서 항복하라고 밀지를 내립니다. 여기까지가 중립 외교라고 알려진 사실입니다. 그런데 사르후 전투에서 강홍립의 조선군 만3000명 중에 대략 만명 가까이 전사합니다. 나머지도 포로가 되어 노역에 시달리다 죽고 2700명만이 조선으로 귀환합니다. 전쟁에서 보통 3분의 1이 전사하면 궤멸이라는 표현을 씁니다. 그 점에서 광해군의 밀지는 없었거나, 있었다고 해도 이행되지 않았다고 봐야 합니다. 광해군의 중립 외교 업적이 과장되어 있다는 것이죠.

외교에서의 광해군의 업적을 인정한다고 해도 문제는 내치였습니다. 광해군의 과오 중에 가장 큰 것은 백성을 착취한 것입니다. 광해군은 대규모의 궁궐 여러 채를 연이어 짓습니다. 국가 재정은 파탄에 이르렀고 백성의 원성은 하늘을 찔렀습니다. 참고로 임진전쟁 후 선조 때는 재정지출 삭감을 통해 백성 부담을 줄이려고 했습니다.

광해군의 민생 정책은 선조보다 못했던 거죠.

광해군은 군량을 빼서 궁궐 축성 비용으로 전용했습니다. 명나라 황제가 파병 대가로 병사들을 위해 쓰라고 많은 은을 보냈습니다. 광해군은 그 은을 자신의 사치품을 구입하는 데 썼습니다. 이 시기의 국방은 선조 때부터 활동했던 정충신 장군*의 노력 덕분에 유지되었습니다.

지혜　　심각하네요. 국가 재정을 넘는 대규모 토목공사는 그 왕 대가 아니면 다음 대라도 망하게 하는 경우가 많죠. 진시황의 만리장성, 수양제의 대운하, 서태후의 이화원이 좋은 예고요. 프랑스 루이 14세가 지은 베르사유 궁전의 건축비는 프랑스의 재정 적자를 심화시켜 결국 루이 16세 때 혁명의 원인이 됩니다. 조선도 흥선대원군이 경복궁을 중건한 것 때문에 경제에 타격을 받았지요. 광해군의 또 다른 문제는 뭐가 있을까요?

김 선생　　광해군 초기에는 조선을 대표하는 유능하고 청렴한 신하가 많았습니다. 광해군은 그들을 내쫓고 이이첨에게 힘을 실어줬고, 상궁인 김개시에게 의존했습니다. 일개 상궁인 김개시가 뇌물을 받고 매관매직을 저지릅니다. 정치 시스템이 무너진 것입니다. 광해

---

*　광주광역시의 금남로는 정충신의 봉호를 딴 것이다. 정충신이 받은 시호는 이순신과 같은 충무공이다.

군은 신하들과 의사소통이나 배움의 자리인 경연도 거의 하지 않았습니다. 참고로 영조를 제외하면 왕의 경연 참여와 인품은 거의 비례합니다.[*]

광해군은 조선 내내 부정적 평가를 받았습니다. 노산군으로 격하된 단종과 역적으로 몰렸던 정도전, 성삼문 등이 복권될 때도 광해군은 폭군의 자리에서 벗어나지 못했습니다. 순종 시절에는 화합 차원에서 정인홍, 윤휴 등 서인 정권이 이를 갈던 정적마저도 복권되었는데 말입니다.

광해군을 처음으로 긍정적으로 평가한 인물은 20세기 일본의 식민사학자 이나바 이와키치稻葉 岩吉입니다. 당시 일본은 만주에 일본이 조종하는 괴뢰 정부인 만주국을 세우고, 중국 대륙을 노리고 있었습니다. 그 상황에서 조선과 만주의 유대감을 강화하고, 조선인이 중국을 멀리하게 할 필요가 있었던 것이죠. 그래서 일본으로서는 광해군의 외교 정책이 마음에 들었습니다. 광해군이 일본과 국교를 정상화한 것도 좋았고요. 광해군을 위대한 군주로 추켜올리면 광해군의 수탈과 살육이 대수롭지 않게 느껴질 텐데, 그것도 일본 입장에서는 나쁘지 않은 결과였을 겁니다.

지혜　　　광해군을 미화한다고 모두 식민사학자는 아닐 것입니다. 요즘은 영화와 드라마 때문에 광해군이 부각되었으니까요. 그런

---

[*]　　세종, 문종, 성종이 경연을 매우 좋아했고 수양과 연산군은 싫어했다.

데 아무리 드라마라고 해도 조금은 근거가 있어야 하지 않나요? 연산군을 미화하는 작품은 없는데 광해군을 미화하는 작품은 여럿인 것에는 다른 이유도 있지 않을까요?

김 선생   광해군 다음 왕이 인조라는 것이 결정적이죠. 인조가 최악의 암군이다 보니 광해가 나았다는 의견이 통하는 것입니다. 인조반정으로 들어선 서인 정권이 조선 말기까지 집권해서 조선 멸망 원인으로 지목되니까, 상대적으로 임진전쟁 때 영웅이던 광해군과 북인이 재조명되는 것이고요. 만약 광해군 다음 왕이 태종이나 세종이었다면 광해군 재조명은 어림없었을 겁니다.

윤리관이 바뀐 것도 원인입니다. 선조가 뒤늦게 중전을 새로 맞이했기에 계모의 나이는 광해군보다 9살이나 어렸습니다. 요즘은 9살 어린 계모에게 효성이란 단어를 쓰기가 낯간지럽죠. 그래서 광해군이 계모를 유폐시킨 잘못이 체감되지 않는 겁니다. 하지만 당시는 인정받기 어려운 패륜이었죠. 인조도 능양군 시절에 폐모에 찬성했다는 반론이 있는데요. 그것은 인조가 더 나쁜 사람이란 근거지, 광해군이 잘했다는 근거는 될 수 없습니다.

여기서 명확히 해두고 싶은 얘기가 있습니다. 광해군과 인조는 둘다 조선을 망친 인물이지, 어느 한쪽이 문제라고 다른 쪽을 올려서는 안 된다는 것입니다. 2차 세계대전 전후의 예를 들어보겠습니다. 1933년 스탈린 치하의 우크라이나는 수백만 명이 굶어 죽는 홀로도모르Голодомор; Holodomor를 겪었습니다. 스탈린의 그릇된 정책 때문이었죠. 그 뒤 히틀러의 군대가 쳐들어옵니다. 우크라이나는 해방군을 기대했지만, 믿음이 깨지는 데는 며칠 걸리지 않았습니다. 한편 폴란드가 히틀러에게 시달리고 있는데, 스탈린의 소련군이 히틀러를 물리치고 폴란드로 들어왔습니다. 소련군이 해방군이었을까요? 소련은 그 후 폴란드를 40년 넘게 위성국으로 조종하지요. 정리하면 히틀러도 스탈린도 똑같은 악마라는 겁니다. 광해군과 인조에게도 같은 논리를 적용할 수 있습니다. 광해군은 폭군이고, 인조는 암군입니다. 둘 다 조선을 망친 장본인입니다.

2. 병자전쟁은
막을 수 있었나?

지혜   양비론은 더 나쁜 자를 이롭게 한다는 점에서 경계할 방식이지만, 광해군과 인조에게는 적용할 수밖에 없겠습니다. 이제 조선사 최악의 암군 인조 시대를 살펴보겠습니다. 병자전쟁 때 청나라 황제에게 세 번 절하고, 아홉 번 머리를 조아린 치욕을 남긴 왕이죠. 광해군의 폭정에 서인, 남인, 소북이 등을 돌렸고, 결국 반정은 성공했는데요. 문제는 그 직후부터 불거졌죠?

김 선생   그렇습니다. 인조반정의 명분은 폐모살제 규탄과 더불어 명나라의 은혜를 적극적으로 갚는다는 것이었는데요. 막상 명나라의 지지를 쉽게 받지 못했습니다. 그로 인해 인조는 명나라 사신에게 극도의 저자세를 취해야 했지요. 더 적극적인 친명 정책을 쓸 수밖에 없었고, 이는 후금을 건드리는 요인이 되었습니다. 정권의 태생적 한계가 드러난 것입니다.

인조 정권의 또 다른 문제는 북인을 몰살시킨 것입니다. 광해군 초기만 해도 남인인 이원익, 이덕형과 서인인 이항복이 당색과 상관 없이 어울리며 국가를 이끌고 나갔지요. 대북 정권이 독선적이고 배타적이었지만, 다른 당파를 학살하지는 않았는데요. 인조는 북인 중에서 광해군에 반대했던 사람마저도 죽여버립니다. 이때부터 서인은 남인을 형식적으로 참여시키고 현종 때까지 권력을 독점합니다.

경제 실무에 밝은 젊은 북인 관료는 살아남았지만 타 정당에 흡수되었습니다. 북인의 뿌리는 서경덕과 조식인데, 서경덕은 개성, 조식은 경남에 거주했지요. 당시 개성과 경남은 경제가 발전한 지역이었기에 그쪽 지역 출신의 북인 중에는 경제에 밝은 사람들이 몇 있었습니다. 한편 남인으로 간 북인 가문은 남인 강경파의 주류를 형성합니다.

지혜　　　　더구나 인조 2년에 서인 정권의 최대 실책이 발발합니다. 평안도에서 부원수로 정예병을 보유한 이괄이 반란을 일으킨 사건인데요. 이 사건이 정묘, 병자전쟁까지 여파를 미치네요.

김 선생　　　　이괄은 쿠데타 때 2등 공신이 되어 불만이었죠. 하지만 인조는 그의 군사 재능을 믿고 국방의 중책을 맡기는데요. 이괄의 아들이 모반 혐의에 연루됩니다. 이괄 입장에서는 반란을 결행할 수밖에 없었습니다. 이괄의 군대는 서울을 점령하는 기세를 올리지만, 정충신, 남이흥에게 패배하고 와해합니다.

하지만 이 사건의 피해는 너무 컸습니다. 광해군을 내몰자마자 벌어진 내전에 백성은 정권에 대한 믿음을 버렸습니다. 여러 장수와 정예병을 잃었기에 국방에 치명타가 되었습니다. 게다가 이괄의 잔당은 후금으로 도망치는데요. 후금이 조선을 침공할 때 선두에서 길을 안내하는 역할을 맡습니다. 후금과의 전쟁에서 패한 중요한 원인이 된 것입니다.

지혜 서인 정권은 광해군에 대한 적개심으로 쿠데타를 일으켰을 뿐, 국가 경영 능력을 보여주지 못했네요. 이괄의 난 이후에도 획기적인 정책 없이 그들은 자신들이 내몬 광해군 때의 권력자와 다를 바 없는 부패한 모습도 보여줬습니다. 결국 전쟁이 벌어지자 일방적으로 패하는데요. 정묘, 병자전쟁을 얘기해보죠. 당시 국제 정세부터 볼까요.

김 선생 명나라에서 만력제를 뒤이은 태창제는 한 달도 안 되어 사망하고, 이어 즉위한 천계제는 목공만 좋아하는 황제였습니다. 예술만 사랑했던 휘종 때문에 북송이 붕괴한 것과 같은 위기가 찾아온 겁니다. 조정의 모든 결정은 환관 위충현이 했고, 그를 따르는 집단인 엄당이 행패를 부렸습니다. 그들에게 밉보인 유능한 장군 요동경략 웅정필마저 목숨을 잃게 되지요.

하지만 다행히 명나라에는 원숭환이 유럽에서 수입한 홍이포紅夷砲로 국경을 지키고 있었습니다. 그는 영원성을 굳게 방어하며 후금

군대를 격파합니다. 근거는 약하지만 후금 시조 누루하치가 그 전투의 부상 후유증으로 죽었다는 설도 있습니다. 후금에서는 누루하치의 아들 홍타이지가 태종으로 즉위합니다.

후금은 사르후 전투에서 포로로 잡았던 강홍립과 망명한 이괄의 잔당을 앞세워 조선을 침공합니다. 명나라와 대결에 앞서 조선을 먼저 눌러놓을 필요가 있었던 것입니다. 소빙하기로 기후가 악화되어 후금의 농업 생산량이 감소했기에 전쟁 승리로 식량 위기를 타개하고 내부 불만을 잠재우겠다는 계산도 있었죠.

지혜　　　정묘전쟁 때 인조는 강화도로 피하고, 후금과 형제국이될 것을 약속하는 조약을 체결하는데요. 이때 쉽게 화의가 이루어진이유가 무엇일까요?

김 선생　　　당시 후금은 장기전을 치를 상황이 아니었죠. 장기전은인구와 경제력이 중요한데, 조선과 명나라 이렇게 두 개의 전선을유지할 능력이 안 되었던 겁니다. 후금은 정묘전쟁으로 조선과 강제로 교역을 터 식량 공급의 길을 열고, 명나라와의 관계를 끊게 하는효과를 누렸으니 목표를 어느 정도 달성한 것으로 만족했죠.

그런데 이 결과를 보면 생각나는 사람이 있습니다. 고려의 서희죠. 거란이 쳐들어올 때 고려에서는 땅을 떼어주자는 의견이 다수였는데 서희는 거란의 목적이 영토가 아니라 고려와의 화평에 있다는것을 눈치챘습니다. 거란의 주적은 송이었으니 고려와의 관계를 안정시킬 필요가 있었거든요. 그것을 파악한 서희는 외교로 거란 군대를 막는 데 성공했습니다. 그런데 고려, 거란, 송의 관계가 조선, 후금, 명의 관계랑 흡사한 상황이었어요. 조선은 정묘전쟁을 외교로 막는 일이 불가능하지 않았던 것이죠.

지혜　　　고려의 선례를 알고 있었을 텐데 아쉽네요. 우리가 역사를 통해 배우는 것은 '사람들은 역사를 통해 배우지 않는다는 사실'이라는 말도 있더군요. 이어진 고려와 조선의 역사도 대비되네요. 고려는 거란의 2차, 3차 침입을 막아 승리했고, 조선은 패했으니까요.

김 선생　　　그게 인조 정권이 비판받는 이유입니다. 후금과 전쟁을 막을 수도 있었고, 벌어졌을 때 참패하지 않을 수도 있었거든요. 그런데 무능함에 무능을 거듭한 끝에 최악의 결과를 맞았으니까요.

　친명 정책 자체는 꼭 나쁜 것은 아니었다는 주장도 있습니다. 당시 객관적으로 봤을 때 명나라가 금방 패망할 것이란 예측은 쉽지 않았죠. 청나라는 정예 기마병을 갖고 있었지만, 명나라는 청나라보다 인구와 경제력이 거의 100배 정도 되었으니까요. 송나라, 거란, 고려의 삼각구도가 유지되었듯이 명, 후금, 조선의 삼각구도가 장기간 유지될 가능성이 컸습니다. 그럴 경우 경제력과 문화 수준이 앞서 있는 명나라와 교류를 계속하는 정책이 더 나을 수 있습니다. 그래서 고려가 송과 통교를 계속했던 것이고요. 다만 친명 정책을 택했으면 그에 맞게 준비를 해야 하는데 인조 정권은 준비가 극히 부실했던 겁니다.

정묘전쟁 이후 국제 정세가 조선에 불리하게 전개됩니다. 1630년에 명나라의 최전선을 지키던 원숭환이 누명을 쓰고 잔인한 방식으로 처형됩니다. 후금은 명나라 전선의 부담을 던 것입니다. 평안도의 섬인 가도에 주둔하던 명나라 군대가 후금에 항복했기에*, 후금은 수군도 확보했습니다. 조선 왕이 강화도로 도망 가도 잡을 수 있다는 자신감이 생긴 겁니다. 후금은 물자를 더 많이 내놓을 것을 요구했고, 이를 감당하기 어려웠던 조선은 불응합니다. 이에 후금은 나라 이름을 청으로 고치고 조선에 군신관계를 요구합니다. 조선이 거부하자 기다렸다는 듯이 다시 쳐들어옵니다.

1차 세계대전 직전에 벨기에는 중립국이었습니다. 하지만 독일은 프랑스를 공격하는 길을 확보하기 위해 먼저 벨기에를 일방적으로 들이쳤지요. 약소국이 아무리 중립을 외쳐봐도 강대국은 전쟁의 필요성이 있으면 무슨 구실을 붙여서라도 전쟁을 일으키죠. 식량과 노예가 필요했으므로 이때 청나라는 분명히 조선을 침범해 이익을 취할 생각이었습니다.

그런데 이 과정도 고려와 비슷한 상황입니다. 1차 침입 때 평화조약을 체결한 거란은 송나라와 대결에서 우위를 점해 송과 전연의 맹

---

* 가도에 주둔했던 명나라 장수 모문룡은 부정부패가 심했고 군량을 강요해서 조선의 골칫덩어리였다. 원숭환이 모문룡을 처단했고, 그로 인해 원숭환은 반역죄로 몰려 죽었다. 모문룡의 잔당은 후금에 항복했는데, 나중에 오삼계와 함께 삼번의 난을 일으킨다.

澶淵之盟을 체결한 후에 다시 고려에 압력을 가하고, 결국 2차, 3차 전쟁이 발발합니다. 거란군은 예전 발해와의 싸움 때 20일 만에 수도를 빼앗아 멸망시킬 정도로 속공이 강한 군대였습니다. 하지만 고려는 2차 전쟁 때 현종이 나주까지 피난 가는 불리함 속에서도 항복하지 않았고, 돌아가는 거란군을 양규楊規가 국경에서 대파합니다. 3차 전쟁 때도 거란이 순식간에 수도까지 진격해왔지만 막아냈고, 후퇴하는 거란군을 귀주에서 대파하지요. 그런데 조선은 고려의 사례에서 교훈을 얻지 못하고 패하고 말았습니다.

조선은 병력을 산성에 집결시켜 놓았습니다. 그런데 청나라는 모든 산성을 무시하고 서울로 곧바로 진격합니다. 거란이 고려에 그랬듯이 단기전으로 승부를 보겠다는 것이죠. 그런데 고려는 왕이 피신에 성공했는데, 조선은 싸워 이기는 것은 고사하고, 도망도 못 했죠. 길을 잘 알고 있던 청군의 진격 속도가 워낙 빨라서 인조가 도망치지 못하고 남한산성에 갇혀버렸으니까요.

지혜　　　전략을 제대로 수립하지 못한 책임이 크네요. 단기전은 장수의 역량이 결정하는데, 이때 조선군은 장수의 역량도 많이 부족한 것 같습니다.

김 선생　　　청나라와 단교에 반대했다가 귀양 갔던 명장 정충신은 복직되었으나 곧 병으로 사망했습니다. 조선에는 뒤를 이을 뛰어난 장수가 없었습니다. 정묘전쟁 이후 10년간 제대로 된 장수를 키우지 못한 것도 정권의 책임이겠죠. 인조 정권은 준비도 없이 목소리만 드높았습니다. 강경할수록 대접받는 집단 특유의 광기였습니다.

청나라는 기병이 보급부대 없이 빠르게 왔으므로 식량이 거의 없었습니다. 기후 악화로 식량이 턱없이 부족했기에 애초부터 본국에서 수송은 불가능했습니다. 그런데 조선은 청야전술마저 제대로 하지 못했습니다. 포위당한 남한산성의 조선군이 포위한 청군보다 먼저 식량이 떨어진 것입니다.

을지문덕이 수나라를 격파한 작전이나 러시아가 나폴레옹을 물리친 전략도 청야전술이었지요. 특히 청이 침입했던 겨울은 청야전술을 쓰기 매우 적절한 계절입니다. 청나라 군대가 조선 각지를 다니면서 계속 약탈하면 어떻게 하느냐는 반문도 있습니다. 명나라가 협공을 가하면 자칫 청나라는 본토까지 무너질 수가 있죠. 카르타고의 명장 한니발이 이탈리아반도에 진입해 로마군대를 계속 격파하고 다녔는데, 로마가 카르타고 본토를 역으로 습격해버린 사례도 있습니다. 더구나 청나라 군대는 기후가 맞지 않은 조선에 머물면 천연두에 걸릴 가능성이 매우 컸습니다. 따라서 조선은 명나라 군대가 움직일 때까지만 버텨도 되었는데 그것도 못 한 거죠.

인조 정권은 백성의 지지를 얻지 못했기에 임진전쟁 때와 달리 의병도 일어나지 않았습니다.

지혜   총체적 무능이었네요. 비공식 얘기지만, 한국의 3대 참패로 임진전쟁 때 칠천량 해전, 6·25전쟁 때 현리 전투와 더불어 병자전쟁 때 쌍령 전투를 거론합니다. 또는 칠천량 해전, 용인 전투와 함께 쌍령 전투를 조선사 3대 패전으로도 비판하고요. 쌍령 전투는 어쩌다 대패한 전투인가요?

김 선생　　쌍령 전투를 4만 명의 조선군이 300명의 청나라 기병에게 완패한 전투로 아는 사람이 많습니다. 하지만 조선군의 수는 그 정도가 되지 않았고, 청군은 그보다 훨씬 많고 기병이라서 청의 전력이 우위에 있었다는 반론도 있습니다. 당시 기록을 보면 기묘한 현상이 나타나는데요. 조선은 조선의 패전으로 기록하는데, 청나라는 지휘관이 전사하고, 산 자들도 벌을 받는 등 청의 참패로 기록하고 있습니다.

보통 역사에서 기록이 엇갈리는 경우는 서로 자국이 이겼다고 주장할 때입니다. 기록으로 남아 있는 세계 최초의 전투부터가 그런데요. 기원전 1274년에 벌어진 히타이트와 이집트의 싸움은 둘 다 자국이 승리한 것으로 기록하고 있습니다. 그런데 자국이 서로 졌다고 주장한 전투는 찾기 어렵습니다. 그 점에서 쌍령 전투는 정말 특이한 경우입니다.

더 나아가 병자전쟁 전체에서 승전보다 패전이 더 조명됩니다. 어느 나라건 자국의 패전보다 승전을 더 많이 강조합니다. 그런데 우리나라에서 유독 병자전쟁만은 승리한 광교산 전투보다 불확실한 쌍령 전투가 더 많이 언급됩니다. 그것은 병자전쟁 자체가 워낙 총체적으로 어이없는 패배였기에 져도 변호해줄 마음이 안 생기는 것입니다.

지혜　　2021년 도쿄올림픽에서 한국 야구 대표 팀이 추태를 보이자 한국 팬들이 상대 팀인 도미니카를 응원하는 사건이 있었지요. 대패해서 자극을 받아야 환골탈태를 기대할 수 있겠다는 뜻이죠. 그렇게 보면 병자전쟁의 대패는 새로운 시스템을 짜는 계기가 될 수도 있었는데요. 문제는 인조 정권이 그러지 못했다는 것이죠.

김 선생　　그렇습니다. 전쟁이 반드시 국가를 망치는 것은 아닙니다. 국가 시스템을 개조하는 전화위복의 계기로 삼을 수도 있습니다. 프랑스와 잉글랜드는 백년 전쟁과 장미 전쟁을 거친 후에 중앙집권 국가로 탈바꿈했지요. 시스템만 잘 갖추면 전쟁의 피해는 생각보다 빨리 극복할 수 있습니다. 1차 세계대전, 2차 세계대전 같은 초대형 전쟁에서 패배한 독일도 피해를 복구하는 데 15년밖에 걸리지 않았습니다.

인조 정권의 실책을 계속 얘기하지만, 가장 큰 잘못은 패배에서 배우지 못하고 오히려 더 악화시켰다는 것입니다. 이 점도 거란의 2차, 3차 침입으로 위기를 맞았지만 극복하고, 뛰어난 군주가 된 고려 현종과 대비되는 모습입니다.

전쟁에 패한 조선은 소현세자와 봉림대군을 인질로 보내고, 막대한 물자를 바쳤습니다. 최소 수만 명, 어떤 주장에 따르면 수십만 명이 포로로 끌려갔습니다. 데려오려면 몸값을 치러야 했는데 부유층이 고액을 지불하는 바람에 몸값이 많이 올라 일반 백성은 엄두를 내기 힘들었습니다. 겨우 돌아온 여자는 화냥년이란 비난을 받아야 했습니다. 청나라 기병이 타고 온 말에서 가축 전염병이 퍼졌기에 많은 소가 죽어 농업이 타격을 받았습니다. 몽골에서 소를 수입해 와야 했습니다. 이런 위기 상황에서도 인조 정권은 반성하지 않았습니다. 무엇이 잘못되었는지도 몰랐을 것입니다. 왕이 오랑캐에게 머리를 조아렸다는 사실에만 통분할 뿐이었습니다.

지혜　　　막스 베버Max Weber에 따르면 정치인의 윤리는 신념 윤리와 책임 윤리가 있습니다. 당시 서인 정권은 신념 윤리만 있을 뿐, 책임 윤리가 부재했습니다. 그 와중에 인조와 서인 정권에게 더 충격적인 사건이 터집니다. 1644년에 이자성의 농민군에게 명나라가 멸망한 것이죠. 이자성은 베이징에 입성해 황제 즉위를 선포하지만 청나라 군대가 밀려오자 쫓겨납니다. 결국 청나라가 중국을 장악하는데요. 명나라 멸망의 원인과 결과를 얘기해보도록 하죠.

김 선생　　　역시 소빙하기로 인한 기후변화가 큰 원인이었습니다. 농업 생산이 격감하여 1000만 명에 달하는 사람이 굶주림으로 죽습니다. 거기에 화폐 혼란까지 겹칩니다. 명나라는 화폐인 은을 수입하고 있었는데, 은 가격이 폭등한 것입니다. 세금을 은으로 내는 농민의 부담이 가중되었지요. 이자성이 봉기하자 농민들이 대거 가세했고, 명나라 황제는 이를 막지 못했습니다.

중국 한족 국가의 특징이 제국을 붕괴시킨 봉기 세력과 새로운 제국을 개창한 인물이 다르다는 것입니다. 최초의 통일 왕조인 진나라는 진승, 오광의 반란으로 군웅할거 시대가 됩니다. 하지만 진승, 오광은 금방 망하고, 통일 제국인 한나라를 세운 사람은 한고조 유방이지요. 한나라는 황건적의 봉기로 혼란에 빠지는데, 한나라를 끝낸 것은 조조의 아들 조비입니다. 이후 수많은 국가가 단기간에 흥망을 거듭한 위진남북조 시대를 지나 통일왕조인 수나라가 세워지죠. 수나라 황제를 죽인 것은 우문화급인데, 새로운 국가는 당나라 고조가 세웁니다. 당나라는 황소黃巢의 난으로 붕괴하는데, 황제의 숨통은 황소의 부하로 있다가 당나라에 항복한 장군 주전충이 끊습니다. 송나라만 내부 봉기가 아닌 외국의 침공에 멸망하지요. 명나라도 이자성이 멸망시키지만 청나라가 중원을 차지합니다.

이때 어이없는 사실이 있습니다. 만리장성의 요충지 산해관을 수비하던 명나라 장군 오삼계가 청나라 군대를 불러들인 것입니다. 오삼계의 여자를 이자성의 부장이 데려갔기 때문인데요. 청나라는 오삼계의 항복 덕분에 만리장성을 거저 통과했지요. 오삼계가 이자성에게 항복했다면 중국은 이자성의 순順나라가 지배하고, 순나라와 북방의 청나라가 대치 상황을 이어갔을 가능성이 큽니다.

3. 소현세자 죽음의
가장 큰 문제는?

지혜　　오랑캐로 여겼던 청나라가 중국을 장악했으니 조선 지배층의 충격은 엄청났겠네요. 전쟁에서 패했으면 책임을 지고 자리에서 물러나는 것이 이치입니다. 그러나 인조는 왕좌를 악착같이 지켰고, 소현세자를 경쟁자로 보기 시작했습니다. 소현세자는 인질로 잡혀갔지만, 세자의 체통을 잃지 않았고 청나라 관료들과 외교도 활발히 했지요. 그런데 인조에게는 청나라 관료와 친하게 지낸 것이 못마땅하게 느껴진 모양입니다. 아쉽게 소현세자는 왕위에 오르지 못하고 죽습니다. 사망 원인으로 인조가 배후에 있는 독살설이 많이 퍼졌는데 그렇게 봐야 할까요?

김 선생　　한때 독살설이 정설처럼 되었는데요. 최근 한의학 지식을 바탕으로 반박 의견이 나왔습니다. 독살 여부는 단정할 수 없지만, 인조가 소현세자를 매우 싫어한 증거는 넘치니 독살이라 봐도 무방

161

합니다. 인조는 소현세자의 아내인 민회빈 강씨를 역모죄를 씌워 죽이고 친정을 몰살시키죠. 소현세자의 아들 셋은 유배되고, 세자 자리는 둘째인 봉림대군에게 돌아가게 되죠. 바로 효종입니다.

국가를 망친 데다 아들, 며느리, 손자에게 참으로 가혹했다는 점에서 인조라는 묘호는 정말 어울리지 않습니다. 앞서 수양 때 말했지만 조祖는 창업군주 수준에서 쓸 수 있는 묘호입니다. 그리고 유교문화에서 인仁은 최고 수준의 찬사입니다. 12대 왕인 인종은 단명했지만, 유교 기준으로 효성 하나는 완벽했으니 이해할 수도 있습니다. 그런데 인조는 어디를 봐도 어진 면이 없는 군주였습니다. 묘호 하나만으로도 인조가 얼마나 문제였는지를 역으로 증명할 수 있는 것입니다.

지혜　　　소현세자가 만약 살았다면 조선 역사는 어떻게 되었을까요? 소현세자가 유럽의 문물에 관심이 많았다고 하던데요. 당시 유럽 상황과 같이 설명해 주시죠.

김 선생　　　명나라 말기에서 청나라 초까지 유럽의 예수회 선교사가 중국에 많이 왔었죠. 그들은 수학과 과학기술을 가르쳤고, 중국의 문물을 유럽에 소개하기도 했습니다.* 소현세자는 베이징에서 선교

＊　예전에는 선교사가 중국에 전수한 것만 주로 부각되었는데, 요즘은 유럽 근대에 중국이 끼친 영향을 높이 보는 연구도 있다.

사 아담 샬을 만나게 됩니다. 아담 샬은 독일 출신으로 천문과 역법을 잘 아는 사람이었죠. 명나라 때 중국에 왔고 능력을 인정받아 청나라 때도 고위직을 맡았습니다. 둘의 만남은 잠깐이었지만, 세자가 신세계를 경험했다는 것은 가볍지 않은 사건이었죠.

17세기 초의 유럽 상황을 살펴보면 종교전쟁을 벌이던 시기였습니다. 신성로마제국에서는 가톨릭과 신교 사이에서 '30년 전쟁'이 발발했습니다. 전쟁은 국제전으로 확대되었고, 수많은 살육과 파괴가 행해졌습니다. 한편 과학자 갈릴레이가 1616년에 종교재판에 회부되고, 1633년에 다시 로마 교황청에 소환되어 지동설을 부정할 것을 요구받습니다. 곳곳에서 마녀 재판이 행해졌습니다.

하지만 유럽은 이러한 과정을 거치면서 자유를 보장하는 쪽으로 나아갑니다. 갈릴레이의 책은 금서로 지정되자 오히려 수요가 몰려 책값이 열 배로 뛰어올랐습니다. 1648년 베스트팔렌 조약으로 개인의 신앙 자유가 인정됩니다. 한편 바다에서는 네덜란드 동인도회사와 잉글랜드 동인도회사가 활발하게 아시아로 무역에 나섭니다. 17세기의 네덜란드는 사상과 종교의 관용을 바탕으로 세계의 무역을 지배하며 전성기를 열었습니다. 반면 유럽에서도 경직된 가치관을 가졌던 국가들은 상대적으로 발전 속도가 느렸습니다.

이 시기는 조선에 중요한 시점이었습니다. 임진전쟁과 병자전쟁이라는 대규모 전란을 겪었으면 뼈저리게 반성하고 새로운 시스템을 마련해야 했습니다. 그런데 이때부터 서인 정권의 이념은 경직되기 시작합니다. 유럽이 '30년 전쟁'이란 참화를 겪고 난 후에 신앙의 자유를 인정한 것과 반대되는 상황입니다. 사상과 시스템을 전환해야 할 시점에 그러지 못했다는 점에서 아쉬움이 큽니다.

지혜　　　　인조가 남긴 문제 중의 하나가 다음 왕인 효종의 정통성 논쟁입니다. 소현세자의 아들이 살아 있는 상태에서 인조의 둘째 아들인 봉림대군이 즉위했기 때문에 정통성에 논란이 있었고, 이것이 현종 때까지 왕의 발목을 잡게 되네요.

김 선생　　　　소현세자의 죽음도 아쉽지만, 그다음도 문제였습니다. 소현세자가 죽은 후에 인조가 택할 길은 둘 중 하나여야 했습니다. 하나는 순리대로 소현세자의 아들을 왕위에 앉히는 것이고, 다른 하나는 잔인하다는 오명을 감수하고 소현세자의 아들들을 모두 죽여 효종의 정통성에 문제가 없게 만들어주는 것입니다. 그런데 인조는 최악의 길을 택했습니다. 소현세자의 아들들을 제주도로 유배 보내 둘을 죽게 만들었으면서도 한 명의 목숨은 살려놓은 것이죠. 소현세자의 아들이 한 명 살아 있으니, 효종의 정통성이 부족했지요.

　다시금 강조하지만 조선 시대에서 정통성 결여는 오늘날 민주국가에서 부정선거로 집권한 것과 비슷합니다. 그래서 효종은 소현세자 부부와 우애가 좋았음에도 왕위에 오른 후에 민회빈 강씨의 역적 누명을 벗기는 것에 극도로 불쾌한 반응을 보입니다.* 민회빈 강씨가 무죄라면, 당장 자신의 왕위를 소현세자의 아들에게 내줘야 한다는 논리가 맞기 때문입니다. 효종은 소현세자의 아들을 거주하기 적합한 곳으로 옮겨주는 배려는 했지만, 역적의 자식이라는 누명은 풀어줄 수 없었던 것이죠.

지혜　　　인조는 인륜마저 파괴했고, 그 후유증은 자식 대까지 미쳤습니다. 이제 다음 왕인 효종을 보겠습니다. 먼저 효종 당시의 정치 상황부터 알아보지요.

---

* 　효종은 민회빈 강씨의 신원을 주장한 김홍욱을 처형했다. 김홍욱은 '말하는 자를 죽이고 망하지 않는 나라가 어디 있느냐'는 말을 남기고 죽었다. 죽인 사람은 효종이지만, 인조가 남긴 후유증이다.

4. 북벌은 과연
가능했나?

김 선생　　　인조 때는 서인의 독주 체제였습니다. 이들은 반정을 주도했던 공서功西파와 반정에 직접 참여는 하지 않았던 청서淸西파로 나뉘었습니다. 공서파에는 최명길 등 현실주의자가 많았고, 청서파에는 김상헌 등 명분을 중시하는 사람이 많았습니다. 병자전쟁의 항복은 어쩔 수 없는 것이었지만, 항복문서를 쓴 최명길은 비판받았고, 대책도 없이 항쟁을 주장했던 김상헌은 충신으로 이름을 높이지요. 게다가 공서의 권신이던 김자점이 효종 초기에 내란죄로 제거됩니다. 이로써 효종 때는 청서가 권력을 장악하는데요. 청서에서도 수구적인 산당山黨 세력이 주류를 이루게 됩니다.

　이때 산당 세력과 싸워가면서 개혁을 시도한 인물이 김육입니다. 김육은 소현세자의 아들이 왕위에 올라야 한다고 주장했던 인물이었으나, 효종은 그를 적극적으로 기용합니다. 김육은 대동법을 확대하고, 화폐 보급을 시도했으며, 서양의 달력을 도입해 날짜 변동을 맞춤으로써 농업 안정에 기여했습니다. 김육의 개혁 덕분에 조선은 그나마 안정을 찾았고, 효종은 명군으로 인정받게 됩니다.

지혜　　　효종의 대표 이미지는 북벌인데요. 정말 북벌을 추진했으면, 그게 가능했을까요? 술도 끊고 철저하게 자기 관리를 했던 것을 보면 북벌을 실행할 생각이었던 것 같고, 국방 강화가 성곽 보수 등에 초점을 둔 것을 보면 북벌이 아닌 것 같기도 하거든요.

김 선생　　　효종이 북벌을 핑계로 병력을 늘려 왕권 강화를 했다는 주장과 진짜로 북벌을 노렸다는 주장이 있습니다. 효종은 둘 다를 염두에 두었다고 보입니다. 일차로 북벌을 명분으로 왕권을 강화하고요, 청나라 분위기를 봐서 북벌을 할 수도 있다는 것이죠. 청나라의 감시 상태였으니 군사력 확대는 조심스럽게 이루어져야 했지요. 성곽 수리는 일본의 침입에 대비하고 있다는 변명을 만들기 위함이었고, 만약 북벌에 실패할 경우는 방어라도 든든히 해야 한다는 선수비 후공격 전략이었겠죠.

　효종은 청나라가 소수의 만주족*이 다수의 한족을 지배하고 있기에 내부가 취약하다고 봤습니다. 이때만 해도 명나라의 잔존 세력이 남명南明 정권을 유지하고 있었습니다. 조선이 거병하고, 한족이 호응해서 청나라를 양쪽에서 들이친다는 전략이었죠. 충분히 가능해

* 말갈족, 여진족의 후손이다. 청태종 홍타이지 때부터 여진족을 만주족이라 불렀다.

보이는 계산이었습니다.

하지만 효종이 예측하지 못 했던 것이 있습니다. 첫 번째는 본인이 마흔을 못 채우고 죽는다는 것이었습니다. 그렇다고 다음 대에서 가능했던 것도 아니었지요. 청나라에서는 새로 강희제가 즉위하는데 그는 중국 역대 최고로 평가받는 명군이었습니다. 한편 조선에는 다음 현종 때 경신대기근이 닥쳐서 민생이 무너졌습니다. 따라서 효종이 오래 살았어도 아쉽게 북벌은 쉽지 않았을 것입니다.

지혜　　　진인사대천명입니다. 그런데 중국 송나라에도 묘호가 효종인 군주가 있고, 그도 북벌을 꿈꾸었으나 이루지 못하였다는데요.

김 선생　　　조선과 송나라가 공통점이 참 많네요. 송나라는 금나라의 침입을 받아 화북을 빼앗기고 황제 고종이 금나라의 신하를 칭하는 치욕을 맛보지요. 고종은 양자인 효종에게 양위하고, 효종은 즉위해서 국가 살림을 알차게 꾸립니다. 재정을 튼튼히 하고 민생을 보호했으며 휘종 때 무너졌던 시스템을 재건했지요. 북벌도 추진했는데, 유감스럽게 북벌은 이루지 못했습니다. 이유는 금나라에도 유능한 황제인 세종이 있었거든요. 금나라 세종은 조선 세종만큼 명군이었습니다.

지혜　　　역사는 이런 형태로도 반복되는군요. 이제 효종 시대의 다른 사건을 살펴보죠. 나선 정벌도 있고요, 하멜 표류도 있네요.

김 선생　　　러시아 군대가 헤이룽강에 나타납니다. 조선은 청의 요청에 따라 조총병을 파견하지요. 실력을 점검하는 측면도 있었습니다. 결과는 조선의 대승이었습니다. 청나라 병사보다 조선 병사의 사격술이 훨씬 뛰어났고, 이 점은 효종의 북벌 구상이 터무니없는 망상은 아니란 사실을 보여줬습니다. 시간이 조금 지나 청과 러시아 사이에 네르친스크 조약이 체결되고, 러시아의 남하는 중단되지요.

　　1653년 네덜란드 사람 하멜 일행이 일본으로 가려다가 풍랑에 밀려 표류해 옵니다. 조선에 온 첫 번째 서양인은 아니었고요. 임진전쟁 이전에도 포르투갈인이 표류해 온 사건이 있었습니다. 그 후에도 여러 차례 있었고, 1628년에 인조 때 왔던 벨테브레이는 귀화해서 박연이란 이름을 받고 대포 기술을 전수했습니다. 조선은 대포 외에는 관심이 없었기에 하멜 일행에 대한 대접은 좋지 않았고, 이들은 기회를 보다가 일본으로 탈출합니다. 일본을 거쳐 네덜란드로 돌아간 하멜은 표류기를 썼고, 네덜란드에서는 조선에 관심이 높아져 직교역을 추진합니다. 그런데 무역 파트너였던 일본이 조선과 네덜란드의 직교역을 강력히 반대해서 포기하게 되죠. 이때 일본이 네덜란드를 통해 유럽에 수출한 주요 상품이 아리타 자기였는데, 임진전쟁 때 끌려간 도공들이 전수한 기술로 만든 것이었습니다.

지혜　　　이게 아쉬운 대목입니다. 북쪽에서는 러시아 군대, 남쪽에서는 네덜란드 상인이 접근해 왔는데 조선은 세계를 보는 시각을 넓히지 못했습니다. 효종은 부국강병을 중시한 군주였지만, 당시 서인 산당은 수구적이었기에 한계가 있었고요. 그래서 소현세자에 대한 미련이 남는 것 같습니다.

김 선생　　　그렇죠. 흔히 청나라에 있을 때 소현세자는 개방의 필요성을 느꼈고 효종은 복수를 꿈꾸었다고 하는데, 둘의 인식 차이가 극과 극은 아니었습니다. 하지만 소현세자는 장남으로 강력한 정통성이 있는데, 효종은 정통성이 약했죠. 정통성이 굳건한 왕은 신하 눈치 볼 것 없이 정책을 밀어붙일 수 있는데, 효종은 신하들과 매사를 협의할 수밖에 없었거든요. 효종과 현종 때까지는 왕권이 약했다가 숙종 때 더 이상 정통성을 의식할 필요가 없어지자 왕권이 다시 강해지지 않습니까. 강력한 힘을 가진 소현세자가 해외 교류에 관심을 보였다면, 조선 역사가 달라지지 않았을까 싶은 것이죠.

　게다가 소현세자는 잠깐이지만 베이징에서 서양인 선교사 아담 샬을 만났잖아요. 긴 시간은 아니었지만, 잠깐 만나도 자극적인 기억은 오래 가게 마련이지요. 세자빈도 진취적인 성격이라 도움이 되었을 거고요. 세자와 민회빈 강씨는 인질로 있을 때 포로가 된 조선인을 구출해서 농장을 만들어 곡물 수익을 올리는 이재를 발휘하기도 했거든요. 소현세자는 외교관 역할을 오래 했기 때문에 외교에도 능했고요. 청나라 내부 사정도 가장 잘 알고 있었습니다. 그래서 소현세자가 왕위에 올랐다면 조선이 더 개방적인 국가로 혁신하지 않았을까 하는 아쉬움을 토로하는 사람도 있지요. 역사가 가정을 허락하지 않으니 절대적인 의미는 없는 얘기이기는 합니다.

지혜　　　　반면 이때 일본은 네덜란드와 활발히 교역하고 있었네요. 일본이 유독 네덜란드하고만 교역한 이유는 무엇인가요? 그리고 어떤 변화가 있었는지 궁금합니다.

김 선생　　　일본은 16세기부터 활발하게 국제 무역을 했습니다. 동남아 각지에 일본인 마을이 생길 정도였죠. 그런데 서양과 활발히 교류하다 보니 일본 내에서 기독교인이 많아졌죠. 일례로 임진전쟁 때의 다이묘였던 고니시 유키나가는 상인이면서 독실한 기독교인이었거든요. 그런데 에도 바쿠후가 출범하면서 기독교를 금지하고, 외국과 무역을 제한합니다. 하지만 포르투갈과 달리 네덜란드는 포교 없이 오직 무역만 원했기에 교역할 수 있었습니다. 교역 장소는 나가사키의 인공 섬인 데지마에 국한되었으나, 대표는 수도였던 에도를 방문할 수 있었죠. 그때부터 네덜란드 상인은 1850년까지 166차례 에도를 찾았고, 일본은 이들을 통해 국제 정세를 수집했습니다. 하멜이 조선에서 일본으로 탈출했을 때도, 그들은 하멜을 통해 조선 정세를 파악했지요.

지혜　　　　당시 일본은 경제가 꽤 발달했다면서요? 이때 즈음에 한국과 일본의 경제 수준이 역전되었다고 봐야 할까요?

김 선생　　　일본 에도 바쿠후는 산킨코타이 제도를 시행했는데요. 다이묘의 가족을 에도에 인질로 두고 다이묘가 에도를 오가게 하는 제도였습니다. 반란을 막고자 하는 의도였는데, 이게 일본 경제, 문화에 큰 변화를 가져왔습니다.

　다이묘가 에도에 오가려면 혼자 맨몸으로 가는 것이 아니니 큰 비용을 들여야 했습니다. 그렇다 보니 오가는 지역의 교통로가 발달하고 숙박시설 등 상업이 번창했고요. 도시의 규모가 커졌습니다. 전쟁이 없어지자 무사 계급은 쇠퇴하고 상인 계급이 부를 쌓기 시작했습니다. 공연 가부키와 풍속화 우키요에가 널리 퍼졌습니다. 우키요에는 나중에 유럽에도 전해져 큰 인기를 끌었지요. 중산층 이상의 생활수준을 놓고 보면 일본이 앞선 상황이었습니다.

　하지만 농민의 평균적인 삶의 수준은 이때까지도 조선이 더 나았습니다. 세율이 더 낮았거든요. 일본은 먹고살기 힘들었기에 '마비키'라 불리는 영아살해가 일개 현에서만 1년에 수만 명씩 행해졌습니다. 이에 대한 범죄 의식도 없었습니다. 국제 무역에서도 한국이 흑자였습니다. 조선은 인삼을 수출하고, 은을 받아서 중국에 가져가는 중계 무역을 통해 많은 이익을 남겼습니다. 조선이 완전히 폐쇄국가는 아니었던 겁니다. 정리하면 이때까지는 한일 수준이 비슷했겠네요.

지혜　　　당시 조선은 간간이 일본에 통신사를 보냈습니다. 그때 조선통신사는 일본의 화려한 도시와 잘 만들어진 도로를 보면서 감탄했다고 하던데요.

김 선생　　　조선은 효종 때 겨우 주막이 등장했습니다. 이전에 과객은 일반 민가를 이용할 수밖에 없었습니다. 그러니 조선통신사가 볼 때 일본의 발달한 교통 수준과 도시 문화는 놀라웠을 겁니다. 하지만 이것은 조선통신사를 맞이하기 위해 바쿠후가 과대한 비용을 지출했기 때문이기도 합니다. 요즘도 국제행사 한번 치르면 국가가 빚더미에 앉을 정도니까요.

　참고로 조선통신사는 일본의 쇼군이 취임할 때마다 보냈습니다. 조선으로서는 전쟁을 방지하는 효과가 있었고, 일본은 대외적으로 쇼군이 인정받는 효과가 있었습니다. 양국 문물 교류에 도움이 되기도 했습니다.

5. 조선은
군약신강 국가였나?

지혜　　　효종 때는 그런대로 조선이 중흥을 이룩한 시기였습니다. 하지만 효종은 안타깝게도 재위 10년 만에 사망합니다. 이후 서인과 남인은 예송논쟁에 돌입하네요. 왕이 죽으면 대비가 상복을 얼마 동안 입어야 하는가를 놓고 언쟁했죠. 그만한 가치가 있는 싸움이었을까요? 먼저 효종의 죽음부터 짚어보고, 예송논쟁을 알아봤으면 합니다.

김 선생　　　1659년에 효종은 서인의 영수 송시열에게 강력한 북벌 의지를 밝힙니다. 그런데 한 달 후 효종은 종기를 치료하다가 사망합니다. 참고로 조선왕 27명 중 12명이 종기를 심하게 앓았습니다. 효종의 사망 원인은 의료사고로 추정되는데, 현대 학자 중에는 암살 의혹을 제기하는 사람도 있습니다.

효종 사후 계모인 자의대비가 몇 년 상복을 입어야 하는지가 문제였습니다. 서인은 1년을, 남인은 3년을 주장했는데요. 서인이 1년으로 주장한 근거는 효종이 차남이기 때문입니다. 소현세자의 아들이 살아 있었으니 서인의 주장은 효종의 정통성을 부인하는 것이 될 수 있었습니다. 나아가 효종의 아들인 현종의 즉위까지 문제가 될 수 있는 것이었죠.

예송논쟁은 효종의 정통성뿐 아니라 서인과 남인의 정치관 차이가 충돌한 것이기도 했습니다. 서인은 받들어 모실 이는 명나라 황제일 뿐, 조선 왕과 신하는 본질이 차이가 없다고 봤습니다. 남인은 강력한 왕권중심 체제를 생각했습니다. 1차 예송논쟁에서 현종은 서인의 편을 들어줍니다. 18세의 어린 나이였으니 집권당과 원만한 관계를 유지해야 했으니까요.

참고로 예송논쟁과 비슷한 사례가 중국에도 있었습니다. 송나라 영종 때 있었던 복의濮議 논쟁과 명나라 가정제 때 있었던 대례의大禮儀 논쟁입니다. 복의 논쟁은 영종의 생부를 추존할 때 어떻게 존칭할 것인지를 놓고 벌인 논쟁입니다. 대례의도 가정제가 사촌인 정덕제의 뒤를 이어 황제에 올랐는데 자신의 생부를 추존할지에 대한 논쟁이었습니다. 성리학 국가의 특징이라 봐야겠습니다.

지혜　　1차 예송논쟁이 있고 15년 후에 2차 예송논쟁이 벌어집니다. 효종의 비가 사망했는데, 시어머니인 자의대비가 상복을 얼마 동안 입어야 하느냐가 쟁점입니다. 인조가 젊은 계비를 들였기에 자의대비는 효종과 효종비보다 나이가 젊었고, 본의 아니게 예송에

두 번이나 휘말렸습니다. 이번에는 현종이 남인 편을 드네요. 이제 왕권이 강화되어서 집권당인 서인을 견제하기 위해 그런 것이겠죠.

김 선생　　현종은 조선 왕 중에서 유일하게 후궁이 없었습니다. 그 이유가 중전인 명성왕후 김씨가 워낙 다혈질이고 현종은 순한 성품이라 아내가 무서워 그랬다고 주장하는 이들이 많지요. 하지만 일국의 왕이 후궁을 들이지 않은 데는 다른 이유도 있겠지요. 현종은 정통성이 약했고 서인 세력이 강했거든요.

현종의 비인 명성왕후 김씨는 김육의 손녀입니다. 큰아버지 김좌명, 아버지 김우명에 이어 사촌오빠 김석주가 당시 서인의 주요 인사였고요. 병권을 쥐고 있었습니다. 서인 한당이었던 김육은 서인 산당이던 송시열과 사이가 좋지 않았는데 그 갈등은 김석주까지 이어져 있었습니다. 현종은 아내와 화합해서 처가와 손잡고 서인 세력을 견제하고 싶었던 겁니다. 현종의 작전대로 김석주는 2차 예송논쟁 때 현종을 도와 남인 편에 서지요. 현종은 예송논쟁 직후 사망합니다. 사망 시점 때문에 현대 학자 중 암살 의혹을 제기하는 사람도 있습니다. 뒤이어 숙종이 즉위하지만 정권은 변함없이 예송논쟁에서 승리한 남인이 차지합니다.

여기까지 정리하면 인조 쿠데타 이후 서인은 형식적으로 남인을 참여시켰지만 주도권을 확실히 쥐고 있었습니다. 한때 공서와 청서, 한당과 산당으로 계파가 있었지만, 이때쯤 다시 산당 송시열을 중심으로 통합되었고요. 그런데 현종 말기에 드디어 수십 년 서인 정권이 남인 정권으로 교체된 것입니다.

지혜   오늘날에는 서인을 비판적으로 보고, 북인이나 남인이 오래 집권했으면 조선사가 훨씬 좋았을 것이란 의견이 많은 것 같은데 어떤가요? 서인과 남인의 정책 차이가 있는지요.

김 선생   남인과 서인을 정책만으로 구분하기는 어렵습니다. 사상의 뿌리를 놓고 보면 주리론을 주장하고 양명학을 배척했던 이황의 남인이 보수적이고, 주기론을 주장한 이이의 서인이 진보적이어야 합니다. 하지만 실제로는 상황마다 달랐습니다.

대동법을 보면 처음에 서인 이이가 구상하고 남인 류성룡이 작미법作米法이란 이름으로 시행했습니다. 남인 이원익이 경기도에서 본격적으로 시작했고 서인 김육이 확대했으며, 남인 이원정이 경상도까지 실시했습니다. 남인 허목도 대동법에 찬성했는데, 같은 시대의 남인 윤휴는 반대했지요. 허적은 대동법에 반대했으나, 막상 실무를 맡자 야무지게 잘 해냈습니다.[*]

호포법은 남인 윤휴와 서인 송시열이 찬성했고, 남인 허목이 반대

---

[*] 대동법을 반대한 명분은 기득권 유지 때문만은 아니었다. 대동법을 시행하면 수송 문제가 발생해서 농민이 더 힘들어진다는 것이 이유였다. 예를 들어 어떤 지역에서 공납으로 호랑이 가죽을 바치게 되어 있다고 할 때 호랑이 가죽은 서울로 이송하기가 쉬운데 같은 가격의 쌀을 이송하는 것은 엄청난 노동력이 필요했다. 대동법을 경기도에서 먼저 시행하고, 충청·전라·경상 순으로 차츰 확대했던 것은 서울까지 운송 거리를 감안했기 때문이다. 조선 관료들은 이때까지만 해도 합리적인 사고와 토론이 있었다.

했습니다. 윤휴가 북벌을 제안할 때도 허목은 반대했지요. 동전 유통은 서인 김육이 적극적으로 시도했고, 남인 허적이 상평통보를 발행합니다.

이렇듯 찬반의 기준이 당리당략이 아니라 민생과 개인 소신에 의한 경우가 많았습니다. 후대에 가면 남인이 토지개혁에, 서인이 신분제 철폐에 조금 적극성을 띠는 편이기는 합니다만 대립할 정도는 아닙니다. 즉 정책만 놓고 보면 서인과 남인 중에 어느 쪽이 바람직했다고 딱 잘라 말할 수는 없습니다. 현종 때는 서로에 대한 살육도 없었습니다. 이 점은 현종이 잘했다고 봐야겠지요.

지혜　　　　현종의 권력을 같은 시대의 다른 나라와 비교하면 어느 정도였을까요? 현종 치세 때 중국 강희제가 조선을 '군약신강君弱臣强의 나라'로 지적했던데요.

김 선생　　　　개인 차이는 있지만, 시스템으로 놓고 얘기하면 조선 왕은 중국 황제보다 권력이 약했습니다. 특히 현종은 같은 시대의 중국 황제가 막강한 위력을 가졌던 강희제였기에 더욱 그렇게 보였겠죠. 하지만 효종 시대의 하멜이 보기에 조선 왕은 절대 권력을 쥐고 있었습니다. 조선 왕은 유럽 왕들보다 시스템이 부여한 권력이 더 강했습니다. 그나마 17세기는 유럽에서 왕권이 강했던 시기입니다. 중세의 유럽 왕은 귀족들 사이에서 회장 정도의 역할이었지요.

왕권이 너무 강하면 독재의 폐해가 나타나고, 왕권이 너무 약하면 귀족, 관료, 영주의 패악이 들끓는다는 것을 감안하면 조선 왕의 권력은 적정 수준이었습니다. 시스템을 무시하고 왕권을 키웠던 수양, 연산군 시기나 왕권이 약했던 명종, 철종 시기가 백성이 살기 힘들었죠. 반면 시스템에 맞추어 운영된 시기에 백성의 삶은 좋았고요.

지혜　현종은 정치를 모나지 않게 했는데요. 15년의 재위 기간에도 불구하고, 오늘날 대중에게 존재감은 정종, 인종 수준입니다. 왜 그렇게 된 것일까요?

김 선생　17세기는 유라시아 전체에서 대기근이 많았습니다. 식량 부족은 병자전쟁과 명나라 멸망의 원인이 되었다고 이미 지적한 바 있는데요. 조선에서는 1670년과 1671년에 걸쳐 경신대기근이 닥칩니다. 전염병이 돌고 가뭄이 극심했고 이어 홍수가 발생했으며 해충이 들끓었습니다. 사망자 수치는 최대 100만 명까지 거론됩니다. 임진전쟁 때보다 더 참혹한 지경이었지요. 조선 시대에는 이런 재해를 임금의 부덕 때문으로 여겼기에 현종은 여러 분야의 업적에도 불구하고 명군으로 칭송받지 못했습니다. 하지만 현종이 경신대기근때 보고만 있던 것은 아니었습니다. 군량을 민간에 풀고, 진휼미를 모으는 등 가능한 범위 내에서 노력했죠. 그래서 인기는 없지만, 욕하기도 뭐한 군주가 된 것입니다.

참고로 조선은 유교 사회였기에 기근 대처가 뛰어났습니다. 진나라가 법가 정책을 시행했다가 망한 이후 중국의 모든 왕조는 지도 이념으로 유교를 내세웠습니다. 유교가 자연재해 극복에 유리하다는 점이 선택 이유 중의 하나였죠. 전쟁에서는 적장을 죽이면 황금을 주겠다는 법가가 효율적이었지만, 기근이 닥치면 가족윤리와 인의예지신을 강조하는 유교가 더 나았던 것이죠. 경신대기근 때 식인 사례도 나오기는 했지만 일본의 텐메이 대기근을 비롯한 다른 나라 참상에 비하면 덜한 편이었습니다. 다른 나라라면 이런 상황에서 도덕성이 마비되어 폭동이나 내전 상태로 치달았을 겁니다. 이때까지의 조선은 기근시 민생 대책에는 최선을 다하는 국가였습니다.

에드워드 기번은 '로마가 왜 멸망했는가보다 로마가 왜 그리 오래 존속했는지를 물어야 한다'고 얘기했습니다. 50세에 사망한 사람에게는 사망 원인을 찾지만, 100세에 사망한 사람에게는 장수 비결이 더 궁금한 것과 같습니다. 조선도 매우 오래 존속한 왕조라는 점에서 마찬가지 물음을 적용해야 할 것 같습니다. 조선은 왜 그리 오래 존속할 수 있었을까요? 그것은 민생을 명분으로 중앙집권 시스템이 짜여 있기 때문이었죠. 그래서 대기근이 일어나도 왕조 붕괴가 일어나지 않고 버틸 수 있었습니다.

다만 아쉬운 것은 청나라의 곡식을 수입하자는 논의가 거부된 것입니다. 패배 직후에는 울분에 차서 북진을 얘기할 수 있습니다. 하지만 이때는 현실을 냉정히 인정해야 했습니다. 그럼에도 조선은 소중화小中華를 자처하며 청나라에 대해 오랑캐 프레임을 버리지 않았습니다.

지혜　　　기근을 겪을 때 왕이 자신의 부덕으로 죄 없는 백성이 고통을 당한다고 자책하는 것은 조선 시스템이 갖는 장점이었습니다. 하지만 조선의 가장 큰 문제는 이제부터 시작되는데요. 다음 왕인 숙종 시대를 살펴보겠습니다. 17세기 후반 숙종 시대의 정치사를 정리해 주시죠.

5. 조선은 언제부터
망하기 시작했는가?

김 선생　　2차 예송논쟁 직후에 현종이 사망하고, 숙종이 즉위합니다. 숙종은 어린 나이에 왕위에 올랐지만, 정통성에 흠이 없었습니다. 소현세자의 후손을 거론하기에는 시간이 지났습니다. 민회빈 강씨를 신원해줄 정도로 여유가 있었습니다. 현종과 숙종이 모두 외아들이었기에 숙종을 대리할 만한 이복형제나 사촌도 없었습니다. 오직 숙종만이 왕위에 오르고 유지할 조건이 된 것입니다. 숙종이 아무리 잘못해도 대체할 사람이 마땅치 않다는 점은 숙종을 강력한 독재 군주로 군림하게 했습니다.

　1673년에 청나라에서는 오삼계를 비롯한 한인 무장들의 반란인 삼번의 난이 일어났습니다. 효종이 기다렸던 기회가 온 것입니다. 남인 윤휴는 적극적으로 북벌을 주장합니다. 그러나 경신대기근이 끝난 지 얼마 되지도 않았기에 국력이 약한 상태라 전쟁은 불가능했습니다. 서인은 명분만 앞세웠을 뿐 애초에 북벌 의지가 없었고, 남인의 온건 계열[*]도 북벌에 호응하지 않았습니다. 북벌을 위해서는 10만 병력을 먹이고 무장시킬 경제력이 있어야 하는데, 당시 기득권층은 세금을 더 낼 마음이 전혀 없었거든요. 서양의 지배층은 국방을 자신들의 의무라 생각하고 직접 무기를 들었는데, 조선의 지배층은 병역 면제는 당연하게 여기고 입과 붓으로만 싸웠습니다.

남인 정권은 서인 외척 김석주와의 연합 정권이기에 힘이 강하지 못했습니다. 결국 숙종 6년에 김석주의 주도로 경신환국庚申換局이 일어나 남인 정권은 무너집니다. 이때 남인의 핵심 인물인 허적과 윤휴가 사약을 받습니다. 공작 정치에 의한 과도한 처벌이었습니다. 청나라의 비위를 맞추기 위해 북벌을 주장한 윤휴를 제거했다는 해석도 있습니다. 이 사건은 서인이 강경한 처벌을 주장하는 노론老論과 온건한 소론少論으로 분리되는 계기가 됩니다.

남인은 극심한 원한을 품었고, 숙종 15년에 기사환국己巳換局으로 다시 정권을 잡습니다. 이번에는 서인 노론의 정신적 지주였던 송시열이 사사됩니다. 서인 측의 인현왕후가 폐출되고, 남인 측의 희빈 장씨가 새로 중전이 됩니다. 남인은 인현왕후의 폐위는 반대했지만 숙종이 밀어붙입니다. 환국과 사사는 숙종 개인의 성격 탓도 컸습니다. 충격에 빠진 서인은 1694년 숙종 20년 갑술환국甲戌換局으로 다시

---

* 남인 강경파는 청남, 온건파는 탁남이라고 한다. 실록에 기록된 표현이기에 현대에도 그대로 쓰고 있지만, 청남의 입장만이 반영되었다. 예전에 경신환국을 경신대출척이라고 썼는데 이는 서인의 입장을 반영한 용어다. 갈등 상황에서는 남인 온건파 같은 중도 화합형 인사들이 가장 큰 피해를 본다.

정권을 확보합니다. 인현왕후는 복위되고, 희빈 장씨는 강등되지요.

정치 격변에 따라 인물 평가도 계속 달라집니다. 사약을 받고 죽은 윤휴는 기사환국으로 복권되어 영의정으로 추존됩니다. 갑술환국 때 추탈되고요. 탕평을 내세운 정조 때 복권되었다가 정조 사후 다시 추탈됩니다. 이후 1907년에 또 복권되지요.

정치가 이런 싸움을 하고 있을 때, 백성의 고초는 극심했습니다. 숙종 때도 전염병이 잦았고, 기후가 매우 좋지 않았습니다. 특히 1695년부터 시작된 을병대기근은 치명타였지요. 실록에 따르면 인구가 무려 141만 명이 감소합니다. 도적 장길산이 활동했던 시기도 이때였죠.

지혜　　　앞서 경신대기근을 겪었으면, 그 후 민생 경제를 키울 방안이 무엇인지에 대해 논의를 집중해야지요. 그런데 정책 대결도 아니고, 예송논쟁처럼 정통성을 건 논쟁도 아니고 순전히 정권 확보 싸움을 벌이네요. 상대방을 대거 사사한 것도 잘못이고요. 현종 때까지만 해도 다른 당의 정책을 국가와 민생에 도움이 되면 존중했고, 의견이 다르다고 죽이지는 않았지요. 그런데 이제 소통의 정치는 사라지고, 진영논리에 따라 다르면 틀린 것으로 몰아붙이는 세상이 되었네요. 성리학에 따르면 군자는 화이부동和而不同이고, 소인은 동이불화同而不和인데 그들은 성리학의 가르침도 어긴 셈입니다.

김 선생　　　그렇습니다. 조선 쇠퇴의 싹이 튼 것은 바로 이 시점부터라고 봐야 합니다. 이때부터 조선의 지배층, 특히 서인 노론 세력은 상식을 벗어난 교조주의로 갑니다. 중종 때 사림파의 독선적 모습보다 훨씬 심해졌습니다. 더구나 그때는 삼사에서 비판하는 입장이었지만, 17세기 말부터는 집권 여당의 위치에서 광기에 가득 찬 독선 집단이 된 것이죠.

광기에 찬 사회에서는 진실을 말하는 사람이 고통을 받습니다. 윤휴는 송시열에게 사문난적斯文亂賊으로 몰렸습니다. 경전의 해석은 오직 주자의 뜻에 따라야지 다른 해석은 존재할 수 없다는 것이 이유였습니다. 이의를 제기하면 '주자가 위대하냐? 윤휴가 위대하냐?'는 비논리적인 물음으로 입을 막았습니다. 그렇게 사대부들은 절대자의 말에 맹목적으로 추종하는 그릇된 문화를 만들어갔습니다. 야사에 따르면 윤휴는 '선비를 안 쓰면 그만이지 죽일 필요가 있는가'라는 말을 남기고 사약을 마셨다고 합니다.

송나라 태조 조광윤은 자신의 유언을 돌에 새겨놓고 후임 황제들이 자신의 유언을 명심한 후에 즉위하도록 했습니다. 그 유언은 송나라에 선양한 이전 황실의 가문을 잘 보살펴주라는 것과 사대부를 대할 때 언론을 이유로 사형에 처하지 말라는 것이었습니다.* 보복 없는 토론이 가능한 정치, 황제에게 바른말을 할 수 있는 정치의 중요성을 후임 황제들은 잘 지켰습니다. 동아시아에서 대표적인 붕당 정치 사례가 송나라 때 사마광의 구법당과 왕안석의 신법당의 대립

* 대사대부 부득인언론문제 이처이사형對士大夫 不得因言論問題 而處以死刑

입니다. 왕안석이 국가와 백성을 위한 정책을 주장하고 나섰고요. 사마광은 그 정책이 오히려 부작용이 더 많다는 것을 이유로 반대했지요. 두 당의 대립은 격했지만 사마광과 왕안석은 서로를 존중하고 합리적 토론을 했습니다. 그런데 둘이 사망한 이후에 구법당과 신법당은 오로지 승리가 목적이 되는 이전투구를 벌입니다. 당연히 송나라의 국력은 약해졌고, 금나라의 침입을 막지 못한 원인으로 작용했습니다. 과거 시험을 준비했던 조선 사대부들이 이 점을 모르지 않았을 텐데, 그들은 송나라의 역사에서 교훈을 얻지 못하고 그보다 더한 행동을 했던 것입니다.

지혜　　　선악의 기준은 국가와 민생이 아니라 붕당의 유불리가 되었네요. 공자는 정치를 정자정야政者正也, 즉 세상을 올바로 다스리는 것이라 했습니다. 조선 초기는 그 사상이 바르게 실현된 세상이었습니다. 그런데 16세기부터 조선의 기득권 집단은 서서히 성리학을 악용하기 시작했고, 17세기 말에는 집권 여당이 성리학 광신 집단이 되어 반대파를 성리학의 이름으로 처단했습니다. 마치 기독교에서 종교재판, 마녀사냥 하듯이 말입니다.

김 선생　　　그렇습니다. 어느 종교나 이념이나 본래의 교리가 잘 작용하는 경우가 있고, 아닌 경우가 있습니다. 바그다드와 코르도바의 번영을 가져온 9세기 이슬람교와 지금의 탈레반을 같은 이슬람이라 묶기 어려울 것입니다. 기독교 역시 마찬가지입니다. 로마 중기에 황제의 탄압을 받으며 지하에서 몰래 믿어야 했던 기독교, 중세 초기에 수도원을 중심으로 이어진 기독교, 중세 말의 타락한 교황이 군림하던 기독교, 현재의 기독교가 같은 모습을 하고 있는 것이 아니죠. 잉글랜드에서는 크리스마스를 이교도 풍습에서 유래했다며 금지하고, 일요일에는 교회 외에 극장 등 상업 시설의 문을 닫게 했으며, 찬송가 외에는 노래도 못 부르게 하던 크롬웰 독재 시절이 있었습니다. 과장하면 17세기 말의 조선 사대부들은 크롬웰 때의 잉글랜드나 지금의 탈레반처럼 극단화된 것입니다. 자신이 숭배하는 사람을 성역으로 모시고, 그 성역에 이의를 제기하면 무조건 악마로 몰아 죽이는 문화가 팽배해갔습니다.

지혜　　　모든 사상과 종교는 광신적이고 배타적인 경향을 보이면 끝입니다. 사상과 종교가 인간을 위한 것이어야 하는데, 사상과 종교에 인간을 동원하고, '다른 의견을 가질 권리'*를 부정하는 것은 그 사상과 종교를 무기로 자신의 권력을 누리려는 것으로 해석할 수밖에 없군요.

김 선생　　　그렇죠. 이전의 성리학자는 열린 마인드가 있었습니

---

*　가톨릭의 권위에 맞서 종교개혁을 했던 칼뱅은 제네바를 통치하면서 극단적 종교 독재를 했다. 시민의 일상을 감시하고, 다른 의견을 가진 사람을 이단으로 몰아 화형에 처했다. 칼뱅을 비판하며 관용을 주장했던 사람이 카스텔리오였고, 그의 이야기를 츠바이크가 『다른 의견을 가질 권리』라는 제목으로 책을 썼다.

다. 중종 때 반석평은 미천한 신분이었지만 형조판서까지 오를 수 있었습니다. 서경덕, 조식, 이이는 자유로운 기인이었던 토정 이지함과 교분이 있었습니다. 서경덕이 기생 황진이를 인격을 갖춰 대했다는 야사도 있고요. 임제林悌는 황진이 무덤에서 시를 지었고, 그런 임제를 천재 시인으로 존경하는 관료도 적지 않았습니다. 조식은 노장 사상과 병법에 밝았고 항상 칼을 차고 다녔습니다. 이이는 한때 승려 생활을 했습니다. 권율과 이항복은 노비 신분인 정충신의 재능을 알아보고 후원하여 장군까지 오르게 했지요. 허균은 불교 서적을 읽었으며 기생 이매창의 정신세계를 존중했지요. 이때까지만 해도 학자와 관료들이 경직되지 않았지요.

그런데 17세기 후반의 사대부들에게는 이러한 모습을 볼 수 없었습니다. 유일한 예외가 당시 초야에 묻힌 학자 유형원이었습니다. 그는 조선의 문제점을 지적하고 해결책을 시원하게 제시한 책『반계수록』을 썼습니다. 하지만 당시 조정에서는 그의 책을 거들떠보지도 않았습니다.

지혜　　숙종 시기에 농민의 삶은 힘겨웠는데도 서원이 많이 증가하지요. 서원이 이러한 배타적인 문화를 키우는 데 큰 역할을 했을 것 같습니다.

김 선생　　서원은 명종 때 17개, 선조 때 100여 개였는데, 이제 몇 배로 증가합니다. 서원은 지배 이데올로기를 보급하고 오로지 한목소리만 내게끔 세뇌했습니다. 파당별로 지역별로 나라가 나뉘는 이유가 되었습니다. 이제 사대부들은 나라보다는 소속 붕당을, 군주보다는 스승을 더 중요시했습니다. 환국에 따라 상대 붕당의 서원을 강제 폐쇄하기도 했습니다. 자산서원은 다섯 차례나 훼손과 복원을 반복했습니다. 당파 싸움은 심해졌지만 양반 기득권을 지키는 데는 일치단결했습니다.

서원은 농민을 수탈했고 세금도 내지 않았습니다. 서원을 중심으로 문중 결속력이 강해졌습니다. 서얼과 딸에게는 상속이 배제되고 아들이 없으면 양자가 재산을 모두 챙겼습니다. 성차별이 심해졌고, 제례의식이 강화되었습니다. 중앙정부의 법령보다 양반의 이익을 보호하는 관습이 더 우선되었습니다. 양반의 향촌 사회의 지배력이 굳건해졌습니다. 농촌은 말할 것도 없고, 전라도 외곽 섬들도 유력 문중의 손에 들어갔기에 어민들은 문중에 세금을 바쳐야 했습니다.

서원은 중앙 실세 권력과 결탁하였기에 지방관도 꼼짝하지 못했습니다. 몹시 나쁜 의미의 일종의 지방자치가 이루어진 셈입니다. 그리고 명분 확보를 위해 이미 망한 명나라 황제만 지극 정성으로 받들기 시작했습니다.

지혜 과거사에 매몰된 인물만 배출되었고, 편협한 여론만 조성되었겠네요. 막상 이때 청나라는 삼번의 난을 진압한 후에 중화국가로서의 면모를 보이고 있지 않습니까? 서양에서도 패러다임이 변하고 있었고요.

김 선생   현종(1659-1674)과 숙종(1674-1720) 때 청나라 황제는 열린 생각을 가졌던 강희제(1661-1722)였습니다. 강희제는 성리학에 심취해 중화는 혈통이 아니라 정신이며, 자신들은 오랑캐가 아니라 중화임을 선포했지요. 강희제는 중국의 전통을 적극적으로 받아들여 한족 관리를 등용하면서 서양에도 배타적이지 않았습니다. 강희제는 서양 학문에 심취했고, 선교사에게 수학과 과학을 배우는 것이 취미였습니다.

이때 서유럽에서는 과학적, 합리적 사고관이 자리잡고 있었습니다. 30년전쟁이 끝난 후 유럽 대륙에서는 스피노자와 데카르트를 이어 라이프니쯔가 합리주의를 발전시켰습니다. 라이프니쯔는 미적분을 연구하는 등 수학에도 큰 업적을 남겼습니다. 잉글랜드에서는 토리당과 휘그당이 정당정치를 시작했습니다. 제임스 2세의 퇴위*를 겪은 후 로크가 자유주의와 민주주의 이론을 제시했습니다. 뉴턴이 물리학을 발전시켰고, 왕실은 과학을 적극 후원했습니다.

이렇듯 세상이 변화를 겪고 있었는데 조선은 오히려 수구적으로 퇴보해갔습니다. 북벌을 할 여건이 되지 않으면 청나라의 변화를 인정하고 세상을 열린 시각으로 보고 받아들였어야 했는데, 그 반대의 길을 간 것입니다. 시스템을 전환할 기회를 놓친 조선은 어느덧 같

---

*   흔히 명예혁명이라 불리는 사건이다. 실상은 딸과 사위가 아버지를 쫓아내고, 아일랜드에서 유혈사태가 벌어지고, 퇴위당한 국왕은 프랑스의 도움을 얻어 국외에서 고국을 상대로 전쟁을 벌이는 등, 전혀 명예스러운 과정은 아니었다. 하지만 결과는 권리장전의 승인 등 민주주의 발전을 이루었다.

은 시대 다른 국가에 비해 뒤떨어졌습니다.

이때 조선과 비슷한 길을 갔던 국가가 인도의 무굴 제국입니다. 17세기 전반부에는 유럽 전체를 합친 만큼의 부를 갖고 있었고, 타지마할을 건축했던 국가였지요. 그런데 17세기 말에 종교 갈등이 심해졌고, 국가는 내분에 휩싸였습니다. 관용이 없어진 무굴 제국은 18세기에 급속히 무너져 외세의 침탈을 받게 되지요.

지혜　　　니체는 극단적인 신념을 가진 사람이 가장 무서우며, 거짓보다 더 위험하다고 했습니다. 극단적 신념을 가진 사람은 진실을 알려고 하지 않고, 오직 자신의 프레임으로만 세상을 보기 때문이죠.

16세기 말에 임진전쟁을 겪은 조선은 17세기에 병자전쟁과 경신 대기근을 겪었는데, 위기를 기회로 전환하지 못하고 오히려 그릇된 방향으로 인식을 전환했습니다. 그 결과 18세기에 느슨한 전개 수준의 발전에 그치게 됩니다. 다음에는 '전개'를 주제로 18세기를 살펴보겠습니다.

V

전개

18세기,
개혁인가
수구인가?

1. 서인은 어떻게
   장기집권했는가?

지혜　　　　18세기 조선 왕은 숙종(1674-1720), 경종(1720-1724), 영조 (1724-1776), 정조(1776-1800)입니다. 이 시기의 조선 정치사도 다사다 난했습니다. 세상사의 옳고 그름의 기준을 판단하는 방식은 합법이 냐 불법이냐, 또는 선이냐 악이냐가 있습니다. 그러나 이 두 가지와 비교할 수 없는 최악은 내 편이냐 아니냐가 옳고 그름의 기준이 되 는 것입니다. 조선의 붕당 정치는 17세기 말에 그 장점을 상실한 채 최악으로 변질하여 서로를 죽이는 일이 반복되었습니다. 그리고 이 런 악습은 18세기 전반부에도 계속 이어졌습니다.

　　18세기는 세자의 친어머니이자 한때 중전이었던 희빈 장씨가 사 약을 마시는 사건으로 시작합니다. 희빈 장씨는 악녀로 알려졌지만, 악행의 대부분이 왜곡 과장된 것으로 보입니다.

김 선생　　　그렇습니다. 호사가들이 3대 미녀니 3대 악녀니 하며 말을 잘 만들어내는데 바람직하지 않은 얘기지요. 희빈 장씨는 장녹수나 정난정과 달리 서인 측의 야사나 소설에 의해 악녀로 왜곡되었습니다. 희빈 장씨가 인현왕후를 저주했다는 증거도 서인 측의 조작일 가능성이 더 큽니다. 그런데 사약을 마실 때 발악을 했다거나, 세자를 불임으로 만들었다는 악성 루머가 퍼졌습니다. 그런 악행이 있었다면 집권 서인 측이 실록에 기록하지 않았을 리가 없고, 전후 상황을 살펴도 전혀 가능성이 없습니다. 그런데 그런 얘기를 현대에도 믿고 있는 사람이 적지 않습니다.

지혜　　　그만큼 가짜 뉴스가 무서운 거죠. '선동은 한 문장으로도 가능하지만, 그것을 반박하려면 수십 장의 문서와 증거가 필요하고, 반박하려고 할 때쯤이면 이미 사람들은 선동되어 있다'라는 말이 있지요. 희빈 장씨는 억울한 피해자라고 봐야겠습니다. 조선의 왕비와 그 집안을 살펴보면 기구한 운명이 많았던 것 같아요. 사람의 행복을 객관적으로 평가하기 어렵지만, 조선 시대 왕비의 보편적 희망이 왕과 사이좋게 지내고 친정이 든든하고 아들을 세자로 만드는 것이라면, 그 기준을 충족했던 왕비가 정말 몇 명뿐이거든요. 비극이 계속되는데도 딸을 중전으로 들이려는 것을 보면 정치란 게 정말 도박판 같아 보여요.

김 선생　　　서인 정권이 권력을 유지하기 위해 가장 노력한 것이 군사권과 중전의 확보였거든요. 군사권은 상대 당의 쿠데타를 막을 수 있고, 때에 따라서는 왕을 갈아치울 수도 있지요. 중전은 차기 권력의 확보와 연결되고요. 하지만 이러한 서인의 전략은 장기적으로 일당 독재와 세도정치로 이어지는 문제를 낳습니다.

지혜　　　　남인, 북인, 노론, 소론을 흔히 4색 붕당이라고 하죠. 인조반정 때 북인이 몰락하고, 숙종 말기에 남인이 쫓겨나서 이제 노론이 집권당이고 소론이 야당으로 대립하는군요. 당시에 노론은 소론을 '모기'라 부르고 소론은 노론을 '빈대'라 불렀다는데요. 마치 잉글랜드에서 서로를 휘그당과 토리당*으로 부른 것과 비슷하네요. 노론과 소론의 대립 과정부터 경종의 즉위까지 정리 부탁합니다.

김 선생　　　　노론과 소론은 남인에 대한 강경과 온건에서 비롯되었습니다. 흔히 노론은 명분을 중시하고 소론은 실용을 중시했다고 하는데, 실제로 노론은 당의 이익을 위해서라면 명분 따위는 아랑곳하지 않았습니다. 노론은 자기 당의 이익을 위해 다른 당을 탄압할 때만 명분을 이용했습니다.

　노론과 소론은 숙종의 후계를 놓고 대립하는데요. 소론은 희빈 장씨의 아들인 세자를 지지하고, 노론은 숙빈 최씨의 아들인 연잉군을 지지합니다. 숙종은 희빈 장씨를 죽인 후에 세자에게도 마음이 떠나 있었습니다. 세자가 즉위하면 연산군처럼 어머니를 죽이는 데 관여

---

*　휘그의 뜻은 말 도둑 또는 모반자이고, 토리의 뜻은 불량 또는 도적이다.

한 사람들에게 보복할까 봐 두려웠던 노론은 세자를 내칠 궁리만 했습니다. 신하들이 세자 교체를 도모한 것은 역모나 다를 바 없었으나 노론 세력은 정권을 잃으면 목숨을 잃는 것으로 생각해 수단을 가리지 않았습니다. 노론이 명분을 중시했다는 설명이 맞지 않는 사례입니다.

하지만 경종은 병든 숙종을 대신해 대리청정할 때도 조심을 거듭하여 탄핵 빌미를 주지 않았습니다. 특별한 과오가 없으니 세자 교체는 불가능했죠. 조선의 시스템은 왕이라 할지라도 세자를 함부로 바꿀 수는 없었거든요. 당시 조정의 대부분은 노론 인사였음에도 세자는 숙종 사후 왕위에 오르게 됩니다. 바로 경종입니다.

2. 조선 왕 암살 의혹은 사실인가?

지혜　　　경종은 재위 기간도 4년에 불과하고, 병약하고 무기력한 군주로 인식되어 왔습니다. 왜 이렇게 된 것일까요?

김 선생　　　경종은 어려서부터 마음고생이 많았습니다. 어머니 희빈 장씨를 잃고 인현왕후의 양자로 입적되어 겨우 세자 지위를 이어나갔습니다. 즉위한 후에도 사방이 정적이었습니다. 노론은 정부의 모든 요직을 다 차지하고 있었고, 내관과 궁녀마저 장악하고 있었기 때문에 경종은 언제 암살이나 쿠데타를 당할지 모를 살얼음판 위에 있었습니다.

　　과도한 스트레스로 경종의 몸은 좋지 않았습니다. 노론은 병약함을 이유로 배다른 동생인 연잉군을 왕세제로 삼게 했습니다. 아직 경종의 나이가 30대 초반인 것을 감안하면 무리수였음에도 노론 세력은 경종이 불임이라는 소문을 내면서 주장을 관철했습니다. 대중에게 노론이 극악무도한 집단으로 인식된 데는 경종에 대한 무례함도 크게 한몫했을 것입니다.

하지만 경종은 인내를 거듭하며 모욕을 다 받아들였습니다. 그러는 한편 소론 인사의 기용 폭을 넓혀가며 때를 기다렸습니다. 노론 치하의 소론은 대개 온건한 성향이었기에, 강한 소론 인사들을 눈여겨보아 두었습니다. 온건한 소론은 완론緩論, 강경한 소론은 준론峻論이라고 합니다. 경종은 때를 기다려 일거에 환국을 단행합니다. 이어 목호룡은 노론이 경종을 암살하려 했다는 고변을 했고, 경종은 그 고변을 근거로 노론의 핵심 인물 4명을 처형합니다. 정권은 순식간에 소론으로 넘어가고 김일경 등 준론 세력이 주도합니다.

지혜　　고립무원의 처지에서 때를 기다렸다가 순식간에 환국하는 능력을 보면 인내력, 통찰력, 결단력이 모두 뛰어나 보입니다. 세종처럼 좋은 환경을 물려받았다면 탁월한 군주가 되었을 것 같은데 애석하게도 일찍 승하했네요. 경종의 사후에 세제인 연잉군이 왕이 되는데, 바로 영조입니다. 경종과 영조의 관계는 어떠했나요?

김 선생　　경종과 연잉군은 배다른 형제로 애증이 얽힌 사이였습니다. 희빈 장씨의 죽음에는 영조의 어머니 숙빈 최씨의 모함이 큰 역할을 했었지요. 노론은 계속 연잉군을 밀면서 경종을 괴롭혔고요. 하지만 경종은 노론의 네 대신을 처형한 후, 연잉군까지 죽이는 게 가능했음에도 그러지 않았습니다. 오히려 소론의 공격에서 연잉군을 보호했습니다. 여기서 개인감정보다 왕실의 안정을 더 생각했던 경종의 깊은 뜻을 조심스럽게 추측해볼 수 있습니다.

경종 자신은 병약해서 오래 살기 어려울 수 있습니다. 아들을 낳아도 그 아들이 성장하기 전에 경종이 죽으면 큰일입니다. 자칫 단종이 수양에게 당했듯이 아들이 연잉군에게 당할 수 있습니다. 그 사태를 막으려면 연잉군을 제거해야 합니다. 연잉군을 제거했는데, 경종의 아들이 후손을 잇지 못하고 죽어버리면 대안이 너무 약합니다. 가장 가까운 친족은 소현세자의 증손자인 밀풍군인데, 이미 8촌이나 되는 데다 소현세자의 후손이 즉위하면 효종, 현종, 숙종의 정통성 문제가 다시 꼬여버리는 사태가 생길 수 있습니다.*

경종은 이 복잡한 갈등과 대립 관계가 정치 구조의 문제이지 연잉군 개인이 무슨 잘못이 있겠나 싶었을 겁니다. 어떤 점에서는 연잉군도 같은 피해자입니다. 인종이 배다른 동생 명종을 감쌌듯이 경종은 연잉군을 감싸주고 싶었을 겁니다. 설령 자신이 목숨을 잃더라도 동생을 죽인 폭군은 되지 않고, 왕조의 맥은 잇겠다는 깊은 뜻이 있었다고 보입니다. 사대부들이 이분법으로만 세상을 볼 때 경종은 폭넓은 사고를 했던 것이지요.

지혜   조선에서 대중에게 저평가된 왕이 문종, 현종, 경종입

---

* 이때 중전인 선의왕후는 밀풍군 또는 밀풍군의 아들을 양자로 들일 준비를 하고 있었다는 설이 있다. 선의왕후는 골수의 노론계 집안 딸이었지만 영조를 불신했다.

니다. 문종은 세자 시절에 대리청정으로 많은 업적을 남겼고, 문종이 살아 있을 때 수양은 감히 왕권을 넘보지 못했지요. 현종은 우유부단한 왕이란 인식이 강한데, 경신대기근을 이겨내고 붕당 정치를 잘 끌어간 왕이었습니다. 경종도 실은 사려 깊고 외유내강한 군주였다고 봐야겠네요. 경종과 영조의 관계는 종종 잉글랜드의 메리 1세와 엘리자베스 1세와도 비교가 되던데요. 비슷한가요?

김 선생   잉글랜드의 헨리 8세는 유능하고 강력하면서 피의 숙청을 많이 했던 군주였습니다. 다혈질이고 변덕스럽던 숙종의 캐릭터와 유사합니다. 헨리 8세는 첫 번째 부인에게서 메리를 얻었고, 두 번째 부인에게 엘리자베스를 얻었죠. 메리는 어머니가 이혼당하자 공주 지위를 잃고 엘리자베스의 시녀가 되어야 했지요. 그런데 엘리자베스도 어머니가 처형을 당하자 역시 공주 지위를 잃게 되죠. 헨리 8세가 죽은 후 왕위를 남동생 에드워드 6세가 계승했으나 그가 일찍 병사하자 메리가 왕위에 오릅니다. 이때 메리는 가톨릭 세력이, 엘리자베스는 국교회가 밀고 있었지요. 건강이 좋지 않던 메리는 후사를 남기지 못하고 재위 5년 만에 사망하는데, 후임으로 엘리자베스를 지명합니다. 이렇게 보면 메리와 경종이 제법 유사한 면이 있습니다. 무엇보다 왜곡된 이미지로 대중에게 낙인된 것이 안타깝게 비슷합니다.

지혜   우연이라기보다는 권력의 속성이 그런 거겠죠. 배다른 형제자매의 갈등, 배후에 있는 거대 세력, 애증보다 군주로서 지켜야 할 책무를 앞세우는 자세, 패배자에 대한 왜곡된 기록과 이미지 조작. 이런 것이 경종과 메리에게는 모두 집결되었다고 봐야겠습니다. 다만 두드러진 차이가 경종의 승하에는 암살 의혹이 있어요. 암살은 사실일까요?

김 선생　　조선의 여러 왕과 세자의 죽음에 암살설이 있지만, 대부분 현대에 제기된 것이며 근거도 약합니다. 하지만 경종 암살은 당시에도 큰 의심을 받았습니다. 문제는 이 암살의 배후로 영조가 지목된다는 점입니다. 경종의 비인 선의왕후가 영조의 즉위 절차를 거부할 정도였습니다.

지금 경종의 유해를 현대 과학기술로 검사하면 가능하겠죠. 일례로 청나라 황제 광서제는 현대 기술로 검사한 결과 독살당했음이 밝혀졌습니다. 하지만 조선 왕의 묘를 파는 것에 거부감을 느끼는 사람도 있어서 쉽게 할 수 있는 일은 아니죠. 역사의 알 권리가 우선인지, 고인을 잘 보존하는 것이 우선인지 논쟁이 있을 겁니다.

영조 개인은 수십 차례 경종을 그리워하는 말을 함으로써 암살설을 불식하려고 했으나, 소론 준론은 그것을 악어의 눈물로 생각했습니다. 영조가 형수인 선의왕후에게 했던 태도를 봐도 진정성이 느껴지지 않고요. 그래서 영조 시대는 경종 암살설로 인해 숱한 사건이 터집니다.

지혜　　　영조는 숙종의 아들이 아니라는 설도 당시에 파다하게 돌았잖아요. 그것도 유전자 검사를 하면 가능하겠네요.

김 선생　　　그렇죠. 프랑스 마지막 황제인 나폴레옹 3세는 나폴레옹 1세의 조카인데 당대에 사생아라는 의혹이 있었습니다. 악의를 담은 루머로 보는 사람이 더 많았기에 나폴레옹 3세는 백부의 후광을 업고 권력을 쥐었는데요. 최근 유전자 검사 결과 나폴레옹 3세는 나폴레옹 1세와 부계 유전자가 일치하지 않는 것으로 나왔습니다. 영조 또한 유전자 검사를 하면 의혹의 진위를 가릴 수 있겠죠.

　추측해보면 영조는 숙종의 친아들일 가능성이 큽니다. 영조가 숙종의 아들이 아니란 주장은 어머니 숙빈 최씨의 신분이 하찮았기에 외간 남자의 접촉이 많았을 것이란 추측에 기인합니다. 하지만 영조는 숙종과 숙빈 최씨의 둘째 아들입니다.* 즉 영조를 임신할 때는 이미 후궁의 신분이었으니 외간 남자의 접촉 가능성이 없었다고 봐도 됩니다.

지혜　　　영조 입장에서 혈통을 의심하는 것은 정말 분했으리라고 생각합니다. 영조가 경종 암살에 직접 관여하지 않았다면 그 역시 마찬가지고요. 하지만 소론 측에서는 암살로 의심할 근거가 충분

---

*　첫아이는 어려서 죽었기에 대중에게 거의 알려져 있지 않다. 첫아이는 노론 김춘택의 아이일 것이란 주장이 있고, 실제 가능성도 있다.

했습니다. 안타깝게도 영조가 즉위하자 다시 환국이 되네요.

김 선생　　　영조가 집권하자 예상대로 소론 세력이 숙청되고 노론이 집권합니다. 소론 준론의 대표 인사인 김일경과 고변자였던 목호룡이 죽음을 맞고, 경종 때 처형된 노론 대신들은 신원 됩니다. 피의 환국이 반복된 것이죠.

이 사건은 양비론이 아니라 명확히 한 쪽의 손을 들어줄 수밖에 없습니다. 설령 경종 독살설이 진실이 아니더라도 세자 시절의 경종을 뒤흔들었던 것과 재위 시절에 핍박한 것만으로도 이때의 노론은 명백한 역신입니다. 다수 노론의 횡포에 결연히 맞선 소론 준론은 충신입니다. 그러나 영조는 왕좌에 오르자마자 김일경을 죽였고, 이에 분노해 1728년 영조 4년에 이인좌를 중심으로 전국 규모의 봉기가 일어납니다. 선의왕후가 봉기를 요청하는 교지를 내렸다는 설도 있습니다.* 소론 준론뿐 아니라 향촌에 있는 남인도 대거 가세했습니다. 이인좌도 남인이었지요.

조선조의 반란 중에서는 가장 큰 규모였습니다. 수양의 쿠데타나 인조의 쿠데타는 서울에서 하룻밤에 일어난 사건입니다. 이시애의 난은 동북 지역에 국한되었고요. 이괄의 난 때는 이괄 휘하의 군인

---

* 이후 선의왕후는 영조의 큰아들 효장세자 사망의 배후에 있다는 의심을 받고 유폐된다. 선의왕후는 굶어 죽었는데, 영조는 국상 기간에 후궁을 맞이하고 잔치를 베풀어 백성의 지탄을 받았다. 선의왕후의 거처인 저승전은 이후 사도세자의 거처가 되었고, 그녀의 원혼이 사도세자를 미치게 했다는 말을 남기고 있다.

만 봉기했지요. 하지만 이때의 봉기 인원은 충청, 전라, 경상에 모두 걸쳐 20만 명에 달했습니다. 이 규모가 모일 정도라면 명분이 넘치고 분노가 대단했다는 것이죠.

영조는 소론의 온건파인 완론계 인사를 기용해 진압합니다. 하지만 저항은 그치지 않았습니다. 영조가 집권한 지 31년이 되었음에도 나주에서는 영조를 비판하는 괘서사건이 벌어졌습니다. 이어 과거 시험장에서 소론 준론의 젊은이들이 영조가 보는 앞에서 경종이 독살당했음을 주장하는 글을 써서 제출하는 사건마저 있었습니다. 잔혹한 고문과 죽음을 두려워하지 않고 결기를 보인 것입니다.

연산군과 광해군은 폭군이었기에 복위 움직임이 없었습니다. 단종은 억울하게 쫓겨났기에 사육신이 복위를 위해 목숨을 걸었습니다. 경종은 사망한 지 30년이 넘었음에도 여전히 그의 죽음이 억울하다고 목숨을 바치는 사람이 수없이 나왔습니다. 하지만 이 사건으로 소론 준론은 완전히 멸망합니다. 그리고 영조가 주장한 탕평은 유명무실해지고 노론 일당 독재로 굳게 되지요.

지혜　　봉당의 몰락뿐 아니라 이인좌의 봉기 이후에 경상도 쪽이 반역향으로 몰려 정권에서 배제된 것도 안타까운 일입니다. 경상도 쪽이 가장 완강하게 오래 저항했기 때문이겠죠.

김 선생　　그렇습니다. 경상도는 이황과 조식의 근거지였기에 성리학의 중심 지역이었는데요. 이 사건 이후에 정계 진출이 막힙니다.

조선은 지역차별이 있었습니다. 개국할 때 이성계는 평안도 출신을 꺼렸기에 그쪽 출신은 조준 외에는 이렇다 할 고위직에 오르지 못했습니다. 수양 때 이시애의 난이 실패로 돌아간 후에 함경도는 반역의 땅으로 몰려 관직 진출이 막혔습니다. 선조 때 기축옥사 이후 전라도가 반역의 땅이 되었고요. 인조가 북인을 쳐낼 때 북인의 기반인 경상우도가 타격을 입었습니다. 남인이 무너지자 그 기반인 경상좌도마저 인재의 진출 통로가 좁아졌고요. 이인좌의 봉기 후에는 경상도 출신의 서울 진입이 막혀버립니다. 이후에는 서인의 지지기반인 기호 지방 인재만 등용됩니다. 정조 때 탕평책으로 기용된 일부 남인도 경상도 남인이 아니라 기호 지방 남인이었습니다.

물론 지역차별은 어느 나라건 있습니다. 하지만 다른 나라의 지역차별은 언어와 민족이 다른 경우, 강제로 이웃 국가의 영토 일부를 편입해서 생긴 경우, 통일 국가 수립이 얼마 되지 않은 경우입니다. 그런데 조선은 강력한 중앙집권 국가를 건설해놓고 오히려 시간이 지나면서 지역차별이 심해지는 형태를 띤 것이죠. 반면 이때 유럽은 인재 기용의 폭이 넓었습니다. 18세기 영국의 산업혁명을 이끈 주역은 스코틀랜드 출신이 많았습니다. 나폴레옹은 프랑스에 막 편입된 코르시카 출신이었습니다.

지혜　　　지역차별로 우수 인재가 등용되지 못한 것은 국가 손실입니다. 17세기 말부터 사대부들은 다른 당파를 배제하고, 지역마저 차별하고 있습니다. 이러한 배타성은 국가 몰락으로 가는 원인이 됩니다. 이민족까지 포용했던 세종의 정책과 너무 대조됩니다. 이렇게 영조 시대의 정치가 극단과 피로 얼룩졌는데, 놀랍게도 영조를 중흥을 이룩한 군주로 보는 사람이 많습니다. 영조의 업적은 무엇이 있을까요?

3. 조선 후기 르네상스는
   존재했는가?

김 선생   영조의 대표 업적은 농민에게 군포의 부담을 줄여준 균역법입니다. 조선의 양인 남성은 1인당 2필의 군포를 납부하게 되어 있었습니다. 양반은 내지 않았고, 가난한 농민만 황구첨정, 백골징포, 족징, 인징으로 실제보다 몇 배의 짐을 졌습니다. 황구첨정은 어린아이에게 내게 하는 것, 백골징포는 죽은 사람에게 부과하는 것, 족징과 인징은 도망간 친척과 이웃의 군포를 대신 부담하게 하는 것입니다. 출생이 집안의 괴로움이고, 군포 때문에 자살하는 사람, 떠도는 사람이 속출했습니다. 농민 계층의 이탈은 지배층에도 달가운 현상이 아니었습니다. 그래서 농민의 군포 납부를 1필로 줄였습니다. 대신 부족해진 정부 수입을 메우기 위해 결작結作이란 이름으로 토지에 기존의 지세 외에 추가로 세금을 부과했습니다. 선무군관포, 어장세, 염세 등으로 보충했고, 재정긴축도 했지요.

균역법은 안 한 것보다는 나았겠지만 근본 대책은 되지 못했습니다. 가뜩이나 조선의 예산이 부족했는데 더욱 긴축한 정책은 부작용을 낳았습니다. 다리 건설 같은 관청 주도의 사업을 할 수 없었기에 조선의 인프라는 낙후되었습니다. 황구첨정 등 비리는 여전했습니다. 양반 지주가 결작의 부담을 소작농에게 전가했기에, 결국 농민의 삶은 별로 나아지지 않았습니다. 이 당시 어민들의 노력으로 연안어업이 크게 성장하고 있었는데, 정부의 세금은 어민에게 타격을 입혀 근해어업으로 발전하는 것을 가로막았습니다. 어업의 쇠퇴는 생선 가격 인상으로 이어져 서민 식탁을 빈곤하게 만들었습니다.

지혜　　경제학에는 조세를 떠넘기는 '조세의 전가', 조세가 결국 누구에게 부담이 되는가를 찾는 '조세의 귀착' 개념이 있는데 이 당시 지배층은 그것을 생각하지 못했을까요? 짐작했으면서 모른 척했을까요? 지옥으로 가는 길은 선의로 포장되어 있다는 말이 있지요. 착한 의도가 꼭 좋은 결과를 가져오는 것은 아닙니다. 균역법은 의도는 좋았으되, 실효는 약했다는 아쉬움이 있네요. 영조의 다음 업적을 살펴보죠.

김 선생　　다음으로 잔혹한 형벌을 금지한 것이 있습니다. 영조 본인을 반대하는 소론 준론을 죽일 때는 잔인한 방법을 다 써먹은 다음에 그랬다는 반론이 제기됩니다만 그래도 금지한 것이 낫죠. 당시 유럽의 잔혹한 형벌에 비하면 이 점은 크게 앞선 부분입니다. 청계천 준천 사업도 좋은 업적이고요. 전체 인구에서 노비의 비율을 크게 줄인 것도 의미 있는 일입니다. 하지만 그 외에는 과대평가된 면이 많습니다.

가장 논란이 될 정책은 탕평책*입니다. 그동안 영조는 숙종과 경종 때의 극단적 환국 정치를 타개하고자 탕평책을 시행한 군주로 인식되었습니다. 그런데 영조 치하에서 소론 준론의 처형은 계속되었고, 붕당의 견제 기능도 상실되었으며, 지역 차별은 오히려 심해졌습니다. 말년에는 국왕 독재 체제에 노론 외척이 강화되는 현상이 나타났지요. 영조의 탕평은 철저히 실패한 것으로 봐야 합니다.

문예부흥도 자국어 관점에서 보면 문제가 많습니다. 『신곡』을 쓴 단테 정도를 제외하면 15세기 초까지 유럽의 지식인은 모두 라틴어로 저작을 남겼습니다. 조선이 한글을 창제했지만 대부분의 문서는 한자로 된 것과 같습니다. 그런데 유럽에서는 서서히 자국어로 글을 쓰는 지식인이 증가했습니다. 16세기에 루터가 성경을 독일어로 번역했고, 17세기에 데카르트가 『방법서설』을 프랑스어로 씁니다. 18세기가 되면 서유럽은 학술서적에 자국어 사용을 당연시했고, 동쪽의 문화 후진 지역이었던 동프로이센에서도 칸트가 독일어로 『순수이성비판』을 발표합니다. 조선에서도 17세기에는 〈어부사시사〉와 〈구운몽〉 같은 뛰어난 한글 작품이 나왔습니다. 그런데 18세기에 들어와서 조선의 지배층은 오히려 한글을 무시하는 태도를 보입니

---

* 송나라 소옹은 군주는 탕평을 해야 한다고 주장했다. 그러나 주희는 붕당 정치를 주장했다. 조선의 성리학자들은 주희의 이론을 맹종했고, 서로가 군자당임을 주장했다.

다. 유럽의 르네상스는 자국어로 글을 쓰는 것이었는데, 조선의 르네상스(?)는 한문을 고수했습니다.* 자국어로 뭉친 유럽 국가들이 근대 국민국가를 이룰 때, 조선은 여전히 지배층과 백성의 언어 간격을 좁히지 못했습니다. 한문을 고수함으로써 지배층은 지식을 독점했고, 지방 아전들은 행정을 장악했습니다. 백성들은 억울함을 당해도 하소연을 하는 데 한계가 있었습니다. 반면 일본에서는 17세기 말부터 자국의 전통을 중시하는 국학운동이 일어나기 시작합니다. 국학운동은 후일 일본이 개항 이후 하나로 뭉치는 사상적 기반이 됩니다.

영조 시대의 경제는 과대평가되어 있습니다. 영조 시대에 농업 경제가 조금은 발전했지만, 이는 소빙하기의 끝부분으로 점차 기후 여건이 회복되었기 때문입니다. 영조 때도 전염병으로 대량 사망이 나온 시기가 있었지만, 현종이나 숙종 때보다는 나았으니까요. 영조 말기에 구황 작물인 고구마가 일본에서 들어와 퍼진 것도 원인입니다. 영조 시대의 농업 생산성은 같은 시기 중국과 일본보다 낮았습니다. 영조 개인은 경제 발전에 기여한 바가 없었고, 오히려 장애가 되었습니다.

영조는 검소함을 강조했는데 이것이 오히려 상공업 발전에 걸림돌이 되었습니다. 술 생산이 금지되었고, 비단 생산이 막혔으며, 고

---

* 〈어부사시사〉의 윤선도는 남인, 〈구운몽〉의 김만중은 서인이다. 한문을 고수한 정약용은 남인, 박지원은 서인 노론이다. 붕당을 떠나 사대부 전체가 시대를 역행하고 있었다.

급 도자기 제조도 끊어졌습니다. 영조는 화폐의 사용도 제한했습니다. 화폐의 재료인 구리가 부족했음에도 광업을 억제했기에 광산 숫자도 많이 감소했습니다. 농토가 없는 농민이 광업 분야로 진출할 길이 막힌 것이죠. 양반 계급은 광업의 발전이 문중이 지배하는 농촌 질서의 파괴를 가져올 것으로 생각해 꺼렸습니다. 농민이 도망갈 곳이 없어야 쥐어짜기 좋으니까요. 영조가 광업 발전을 가로막고 있을 때 영국에서는 탄광이 개발되었고 석탄을 이용해서 산업혁명이 시작되었습니다.

사대부들은 국가 전체의 부를 늘릴 생각은 하지 않고, 끊임없이 안빈낙도만을 강조했지요. 아무리 가난해도 상공업은 체통을 구기는 일이라 생각해서 기피했습니다. 그렇다고 지배층의 사치가 줄어든 것은 아닙니다. 청나라에서 들어온 수입품은 부유층에서 인기가 매우 좋았습니다. 영조 본인도 검소한 듯하면서 은근히 즐길 것은 다 즐겼습니다.*

산이 많은 지형을 핑계로 수운水運에만 의존했을 뿐, 수레 사용도 소극적이었습니다. 병자전쟁 때 청나라 군대가 대포를 수레로 끌고 온 것을 목격했고 중국이 험한 지형에서도 수레 사용이 활발한 것을 보았음에도 조선의 지배층은 수레 사용을 기피했습니다. 기원전에

---

* 대표적 자린고비 황제로 청나라 도광제가 있다. 황제에게 잘 보이려고 관료들이 일부러 옷을 낡게 만들었고, 낡은 관복이 새 관복보다 더 고가에 거래되는 현상까지 있었다. 하지만 그가 황제에 있을 때 청나라는 급격히 쇠퇴했고, 영국과의 아편전쟁에서 대패한다. 황제의 사치는 잘못이지만, 황제의 근검절약은 별다른 도움이 되지 않는다.

이미 페르시아가 '왕의 길'을 건설하고 진시황이 수레바퀴를 통일할 정도로 수레는 중요한 것인데, 조선 사대부들만 그 사실을 외면했습니다.

경제이론에 무지해서 가져온 실책도 있었습니다. 서울의 집값이 뛰자 영조는 관료의 서울 주택 매매를 막았습니다. 시중에 나오는 주택 공급이 감소하자 가격이 더 급등했습니다. 불과 5년 만에 50%가 뛰었습니다. 돈이 많아지면 사치가 늘어난다고 생각해서 상평통보의 발행을 중지하기도 했습니다. 경제는 긴축과 인플레이션을 번갈아 앓았습니다. 국가 예산은 항상 부족했고, 백성은 결핍을 당연한 것으로 알고 살았습니다. 정부의 지원은 탐관오리들이 중간에 가로챘고, 가진 것 없이 떠돌다 굶어 죽는 사람은 여전히 많았습니다.

지혜   소수 지배층을 제외하면 모두 하향평준화를 하자는 것과 다를 바 없었네요. 이런 현상 때문에 다음 정조 시대의 실학자인 박제가는 조선이 검소함 때문에 쇠퇴할 것이라고 경고했지요.

이쯤에서 17세기 말부터 18세기 중반인 숙종에서 영조 때까지의 조선 경제 변화를 정리해보죠. 그래도 농업 기술이 향상되고, 상업이 활발해지며 화폐 경제가 정착되어 자본주의 맹아가 발생한 시기로 보는 학자들이 있는데요.

김 선생   조선은 일본과 중국을 잇는 중계 무역으로 많은 흑자를 보았습니다. 특히 조선의 인삼은 일본에서 엄청난 고가로 팔렸지요. 청나라와 국경에서는 만상, 일본과 무역에서는 내상이 활동했습니다. 개성을 중심으로 한 송상은 전국에 걸친 상업을 했지요. 대동법 시행 이후 서울로 곡물을 운반하는 경강상인이 성장했습니다. 상업으로 거부가 된 사람이 많이 나왔습니다. 희빈 장씨의 친정도 상업으로 부를 축적했던 집안이었지요. 거부가 된 사람 중에는 중인 계층이 많았습니다.

농업 분야에서는 모를 어느 정도 키운 후에 옮겨 심는 이앙법이 전국에 보급되었습니다. 덕분에 이모작이 시행되었고 노동력을 덜 들이고도 1인당 생산량이 최대 3배까지 늘어났습니다. 정부는 수리 시설이 부족하다는 이유로 이앙법을 금지했으나 농민들은 계속 확대해나갔습니다. 고추, 담배 등 상품 작물도 재배되었고요. 소금 생산 기술도 늘었습니다. 밭작물도 견종법이 시행되어 생산량이 많아졌습니다. 수확 분배 방식도 일정액만 지주에게 내면 나머지는 모두 소작인이 갖는 도조법賭租法이 확산되었기에 노동 의욕이 높아졌습니다. 일부 농민이 도시로 유입되면서 임노동자가 증가했습니다. 이러한 현상을 종합해볼 때 조선 경제에서 서양의 자본주의와 비슷한 모습이 나타났다고 보는 것입니다.

하지만 여기에 반론도 있습니다. 농촌에서 경영형 부농의 숫자와 도시에서 임노동자, 수공업자의 숫자가 유의미할 정도로 늘어난 것은 아니라는 실증 결과가 나왔습니다. 상업이 성장했지만 배를 타고 외국으로 가는 자유로운 무역은 불가능했습니다. 국내 총생산에서 무역이 차지하는 비율은 2%도 되지 않았을 것으로 추정됩니다. 화폐

또한 가치 저장의 기능이 더 컸지 활발하게 유통되지 못했습니다.

무역 흑자도 일본이 조선에서 인삼 씨앗과 기술을 몰래 빼내가면서 타격을 입습니다. 조선 전기의 연은분리법, 중기의 도자기 기술에 이어 또 한 번의 기술 유출이 발생한 것입니다. 한때 일본에서 조선 인삼을 수입하기 위한 특별 은화를 제조할 정도였는데, 은의 유입이 감소하자 조선의 상업 발전은 정체됩니다.

이런 점에서 이 시기에 자본주의 맹아가 싹텄다는 주장에 회의적인 학자도 많습니다. 애초에 조선은 자급자족형 농경 사회를 지향했고 개화기까지 그 정책은 변하지 않았습니다. 사실 자본주의 맹아론 자체가 서구의 근대화 이론에 끼워 맞추기 위한 것이란 지적도 있습니다. 역사 발전 방식은 모두 다른 것인데 서구의 발전 방식을 기준으로 동아시아의 발전을 설명할 이유는 없다는 것입니다.

지혜　　　숙종에서 영조에 이르는 기간 아시아의 다른 나라도 살펴보지요. 이때는 국제 정세가 안정되어 중국과 일본도 크게 발전하는 시기였네요.

김 선생　　　이 당시 청나라는 강희제(1661-1722)와 옹정제(1722-1735)의 치세였고, 일본은 에도 바쿠후가 안정기를 구가하는 시대입니다. 조선과 직접 관련은 없지만 서아시아의 오스만 제국도 17세기의 파벌 대립에서 벗어나 튤립 시대라 불리는 문화 전성기를 맞이했고요. 주변 국가와 비교하면 영조를 조선의 중흥을 이끈 군주로 보기 어렵습니다. 강희제는 중국의 최고 명군으로 평가받는 제왕이고, 옹정제도 민생을 위해 가장 부지런히 일했던 군주였습니다. 강희제와 옹정제는 사람에게 매기는 정세를 토지에 매기는 지세로 통합하여 은으로 내게 하는 지정은제地丁銀制를 시행했습니다. 토지를 갖지 못한 소작농은 세금을 내지 않고, 부유층이 많이 내게 된 것이죠. 이 두 황제의 치세에서 청나라는 정치가 안정되고 경제가 발전했으며 백성의 삶이 편안했습니다. 청나라가 지정은제를 시행할 때 조선은 그것을 보고도 균역법으로 그쳤다는 것은 반성할 부분입니다.

일본도 이때 평화 시대를 구가했습니다. 서울 인구가 20만 명일 때 에도의 인구가 100만 명이 넘을 정도로 상공업이 발전하고 문화가 꽃피었습니다. 에도에 수백 곳의 서점이 있을 정도였습니다. 조선통신사가 본 일본 경제와 문화 수준은 조선을 압도했습니다. 이때 일본이 침략 의지가 없었기에 다행이지, 만약 전쟁 준비를 해서 침공했다면 효종 이후 약해진 조선의 국방력으로는 임진전쟁보다 더 큰 참상이 벌어질 뻔했습니다.

그럼에도 조선은 발전한 청나라와 일본을 따라잡겠다는 의지가 없었습니다. 오히려 영조는 청나라에서 들어온 망원경과 서적들을 없애버렸습니다. 병자전쟁을 일으킨 청나라와 옹정제가 다스리는 청나라는 사상과 시스템이 달라졌는데도 여전히 청나라를 오랑캐이자 절대악으로 상정하고 있었습니다. 사대부들은 지정은제같은 농민을 위한 개혁을 할 마음은 없이 자신들의 기득권을 계속 유지했습니다.

지혜　　　　다른 국가가 발전을 구가하고 있을 때 조선의 발걸음은 정체되어 있었네요. 이때 조선을 지배한 노론 정권은 개혁 의지 없이 집단 자아도취에 빠져 있었지요.

김 선생　　　조선의 사대부들은 중국의 주周나라(기원전 1046~771)를 이상향으로 생각하면서 조선을 동주東周라 칭하기도 했습니다. 청나라를 모시는 것은 명나라에 대한 불충이라고 생각했습니다. 겉으로는 청나라에 고개를 숙이면서 속으로는 명나라를 받드는 모순이 계속되었습니다. 모순은 삶의 방식에서도 존재했습니다. 부유함을 누리면서도 청빈하다고 생각했습니다. 명나라 문화만 옳다고 생각했고 지배층 문화와 서민 문화의 간격을 좁힐 생각은 하지 않았습니다.

　무엇보다 사상의 독단이 심했습니다. 자기 집단에 대한 비판을 인정하지 않았지요. 같은 생각을 하는 사람끼리만 어울렸습니다. 신념은 자신의 이익을 채우는 도구로 전락했고요. 그 결과 다른 생각을 하는 사람을 피와 살이 있는 존재가 아닌 유령처럼 추상적 개념으로 간주하게 되었습니다. 그러니 논리적 확증 편향이 깊어지고, 죽이자는 상소를 올리는 데 아무 거리낌이 없었습니다.

4. 사도세자는
죽어야만 했는가?

지혜　그렇게 사상과 정치 문화가 망가져 있던 1762년에 임오화변壬午禍變이 벌어집니다. 사도세자가 아버지 영조의 명령으로 뒤주에 8일간 갇혀 죽임을 당한 사건인데요. 이 사건은 크게 두 가지 설이 있습니다. 하나는 사도세자가 정신병이 심했기에 어쩔 수 없이 죽였다는 설이고, 다른 하나는 사도세자가 소론에 우호적 경향을 보이자 노론 세력이 모함해서 죽음에 이르게 했다는 설입니다. 과거에는 정신병이 정설이었는데, 그 뒤 당쟁 희생설이 대중에게 인기를 끌었고, 최근 다시 정신병 쪽이 힘을 얻고 있습니다. 과연 진실은 무엇이었을까요?

김 선생　당시 기록을 보면 사도세자는 내시와 나인을 함부로 죽였고, 자신의 아이를 낳았던 연인마저 살해하는 등 정신병이 심했습니다. 성폭행도 잦았고, 상인에게 돈을 빌려 탕진하기도 했습니다.

당쟁 희생설은 세자의 정신병증에 따른 언행을 상당 부분 노론의 조작으로 간주합니다. 세자의 살인을 두고 독살을 사주받은 노론의 끄나풀이어서 죽였다고 변명한 것도 한 예입니다. 하지만 현대의 정신의학자들이 기록을 검토한 결과는 정신병이 맞습니다. 실록의 정신병 증상은 상당히 구체적이며, 정신병 지식이 없었던 조선 시대에 이런 조작을 하기란 불가능하다는 것이죠. 사도세자가 장인에게 보낸 편지에도 정신병을 호소하고 있습니다.

당시 정황을 봐도 사도세자가 유능했는데 모함으로 죽었다는 설은 무리가 많습니다. 임오화변은 영조가 집권한 지 38년이나 되어 권력이 막강할 때 일어났습니다. 영조가 마음먹으면 노론 전체를 쓸어버리는 것도 어렵지 않을 정도였지요. 온통 정적에게 포위되었던 경종도 목호룡의 고변 때 노론의 대신 넷을 사사할 정도였는데, 영조가 노론에 밀려 세자를 죽였다는 것은 지나친 비약입니다. 그리고 조선에서 세자는 엄청난 과오가 없으면 쉽게 죽일 수 있는 존재가 아니었습니다. 사도세자를 죽이면 나중에 더 큰 화가 생길 가능성이 있는데 무리해서 불씨를 만들 이유도 없었습니다. 오히려 사도세자의 정신병은 당시 기록된 것 이상일 가능성도 제기됩니다. 대표적인 것이 여동생 화완옹주와 근친상간설입니다. 몇 줄 기록과 심리학 지식을 바탕으로 추정한 것인데, 가능성이 없지는 않습니다.[*]

지혜　　정신병설을 입증하려면 왜 정신병에 걸렸는지도 분석해 봐야겠네요. 흔히 영조의 다혈질 성격을 감당하지 못해 스트레스를 받아서라고 하던데요.

김 선생   그렇죠. 현종의 왕비 명성왕후 김씨부터 숙종, 영조, 사도세자, 정조까지 모두 다혈질이었습니다. 영조는 감정 기복이 매우 심했고, 나이든 신하에게도 욕설을 서슴지 않았지요. 사도세자 본인도 다혈질인데 부왕의 지독한 변덕을 장기간 참아야 했으니 스트레스는 극심했습니다. 요즘 표현으로 하면 '엄친아'를 요구받았고 그것을 견디지 못해 병이 든 것입니다. 나주 괘서사건을 보면서 살육장으로 변한 정치판에 환멸도 많이 느꼈을 것으로 추측되고요. 세자는 무예를 즐기고 체격도 컸으니, 무장으로 키워졌다면 대성했을 가능성이 큽니다. 예술가여야 할 연산군과 더불어 맞지 않은 교육이 낳은 비극이라 할 수도 있겠습니다.

지혜   그렇게 보면 당쟁 희생설을 이렇게 수정해볼 수도 있겠습니다. 사도세자를 정신병으로 몰고 갈 정도로 정치 문화가 일그러져 있었다는 것으로요. 당쟁이 극도로 격해진 숙종 때부터 경종, 영조, 사도세자까지 그 성격을 보면 모두 정신과 치료를 받아야 할

---

*   조선 왕조에서 왕의 딸이 죽임을 당한 것은 중종의 딸 숙정옹주가 유일하다. 왕의 딸은 역모에 연루되어도 죽음을 면했는데 숙정옹주가 죽은 이유는 사위와 간통을 했기 때문이다. 처형 당시에는 차마 그 내용을 실록에 담지 못했다가, 나중에 기록되었다. 사도세자가 화완옹주를 범했다면 처형 사유로 충분했다. 편애하는 성격의 영조는 그 책임이 오로지 사도세자에게 있다고 생각해서 화완옹주를 더 배려했을 수 있다.

만큼 심각한 상황이거든요. 사도세자에게 세종이나 문종 같은 아버지와 이원익, 김육 같은 신하가 있었다면 정신병에 걸리지 않고 큰 포부를 펼칠 수도 있었겠다는 생각이 드네요.

그런데 왜 사도세자의 당쟁 희생설이 대중에게 잘 먹혀들까요? 사실 인류사에는 숱한 음모론이 있었지만, 그 음모론의 대부분은 근거가 없는데도 말입니다.

김 선생　　　보통 음모론은 극단적 진영논리와 짝을 이룹니다. 합리적 판단이 결여되고, 자신이 추종하는 집단의 말에만 의존하는 현상이 강화될 때 대중은 음모론에 열광하게 되죠.

추가로 덧붙이면 사도세자를 대할 때는 극단적 이분법을 탈피해야 합니다. 서인 노론 정권이 악이니까 서인 노론 정권 때 피해 본 사람은 모두 선하고 정의롭다는 사고관 말입니다. 하지만 '적은 우리가 생각하는 것보다 악하지 않고, 우리는 우리가 생각하는 것만큼 선하지 않다'는 명언이 있습니다. 사도세자를 피해자로 보는 견해에는 동의하지만, 거대한 개혁을 꿈꾼 유능한 세자로 보는 것은 비약이지요.

만약 사도세자가 정신병이 전혀 없었다면 이런 결론에 도달합니다. 첫 번째는 영조가 모함에 속아 넘어간 아둔한 패륜 폭군이란 것이죠. 아들을 죽인 것도 문제거니와, 요즘 식으로 하면 현직 대통령이 차기 대통령 당선인을 처형해버린 셈이니까요. 경종 독살에 사도세자 처형을 합치면 패륜이 수양과 인조를 능가합니다.

두 번째는 사도세자의 정치력이 전무했다는 것입니다. 유능한 세자라면 자기 사람을 모아서, 때를 기다려 노론 세력을 일망타진했어야지요. 앞서 경종이 노론 천하에서도 묵묵히 인내한 다음 즉위 후 환국을 단행한 사례가 있는데 말입니다. 현종도 처가를 이용해서 환국했지요. 경종에게는 승하 후 30년이 넘도록 독살설을 주장하며 목숨을 바친 사람들이 있었는데, 사도세자는 아내조차 한편으로 만들지 못했습니다.

세 번째는 정조가 유약하고 무능하다는 것입니다. 25년이나 집권했으면서도 사도세자가 정신병을 앓았다는 거짓을 바로잡지 못했으니까요. 그런데 아무리 생각해도 정조가 유약하고 무능해 보이지는 않습니다. 그렇다면 사도세자가 정신병을 앓았다고 봐야 하지 않을까요.

지혜　　사도세자 당쟁 희생설이 퍼진 배경에는 영조와 노론에 대한 반감이 크게 작용한 것이라 봐야겠지요. 실록에 기록된 영조의 인격은 극단적 이기주의자였으니까요. 그런데 군주인 부모가 아들을 죽인 사례가 세계사에는 많았나요?

김 선생　　세계 어디든지 수없이 많습니다. 권력은 부자 사이에도 나눌 수 없거든요. 죽인 이유도 다양하고요. 러시아의 이반 4세는 광기로 아들을 죽였다고 합니다. 동로마의 이리니는 황제였던 아들의 눈을 뽑고 유폐한 후에 자신이 여제로 즉위하는데, 배후에는 종교 갈등이 있었습니다. 당나라 무측천은 권력을 차지하기 위해 아들을 죽였고, 일본의 다게다 신겐은 암살 혐의로 장남을 제거하였습니다. 청나라의 시조 누루하치와 일본 에도 바쿠후를 개창한 도쿠가와 이에야스도 장남을 죽였습니다. 하지만 이들 나라와 비교할 수 없는 것은 조선은 가족윤리를 중시하는 유교 사회였다는 것이죠.

지혜   이제 영조 시대를 평가해보도록 하죠. 영조는 자신을 둘러싼 출생 문제와 경종 독살설에서 벗어나지 못했습니다. 영조는 절대 권력을 쥐었으면서도 자신이 여전히 피해자이며, 몰살당한 소론 준론을 가해자로 생각했습니다. 긴 재위 기간과 주변 국제 정세를 감안하면 영조의 업적은 없다시피 합니다. 무엇보다 후계자인 사도세자의 정신병에 분명한 책임이 있습니다. 하지만 영조는 집권 노론에 의해 역사의 우호적 평가를 받았습니다. 종합하면 조선 왕 중에서 가장 과대평가된 왕이라 볼 수 있겠네요.

김 선생   오늘날에도 영정조라는 말을 자주 씁니다. 영조와 정조를 묶어서 보는 것인데, 과연 두 왕의 시대가 동일했는지 의문입니다. 조선 왕 중에서 통치방식이 완전히 겹친 왕은 세종과 문종이지만, 세문종 시대라고 하지 않습니다. 비슷한 흐름이었던 효현종 시대, 헌철종 시대라는 말도 쓰지 않습니다. 영정조라는 용어는 실상 정조와 묶어서 영조를 부각시키려는 의도라 볼 수 있습니다.

지혜   오히려 환국과 그에 따른 살육이 이어졌던 숙종, 경종,

영조 시대를 묶어 숙경영 시대로 부르고 정조 시대를 별도로 하는 것이 더 타당해 보이네요.

다음으로 조선 후기의 최고 군주로 꼽히는 정조 시대를 보겠습니다. 먼저 정조의 즉위와 긍정적 업적을 정리해 주시죠.

5. 정조는 왜
   실패했는가?

김 선생　　할아버지 영조는 손자 정조가 어려서부터 총명하였으므로 마음에 들었습니다. 영조가 사도세자를 죽일 수 있었던 배경에는 손자가 나라를 잘 이끌 것이란 믿음이 있었기 때문입니다. 어린 나이에 아버지가 살해당하는 충격을 겪었고, 노론 세력의 견제를 받았으나 정조는 잘 이겨내고 왕위에 올랐습니다. 초기에는 홍국영을 기용하여 자신의 신변을 보호하는 한편 왕권에 위협이 될 세력을 타도했습니다. 홍국영의 권력이 너무 비대해지자 제거하여 왕권 구축에 성공했습니다. 노론 세력은 정조가 언제라도 사도세자의 문제를 꺼낼까 경계했지만, 정조는 앞선 왕들과 달리 극단적 환국 없이 여러 당파를 적절히 아우르며 탕평 정치를 이루었습니다. 정계에서 퇴출당했던 남인에서 채제공을 기용했고, 노론 벽파僻派와도 비밀 서찰을 주고받으며 막후 정치를 해나갔습니다. 그 결과 25년간의 재위 기간에 적지 않은 업적을 남겼습니다.

법전을 정비하고, 신해통공辛亥通共을 통해 상업의 자유를 보장했습니다. 공노비의 처지를 개선했고 백성의 목소리에 귀를 기울였습니다. 백성이 직접 문서로 호소하는 상언上言과 백성이 임금 앞에서 직접 억울함을 호소하는 격쟁擊錚을 수천 건이나 받았습니다. 규장각을 설치했고, 서얼 출신도 등용했습니다. 환경의 중요성을 깨닫고 나무 심기도 적극적으로 시행했습니다.* 엄청난 독서를 했으며 활도 잘 쏘아 문무를 겸비한 군주였습니다. 성실하고 판단력도 좋았습니다. 정조는 당대에 성군으로 인정받았습니다.

지혜　　　이러한 정조의 업적에 초점을 맞추어 개혁 군주로 평가하는 사람들이 많습니다. 그런데 정조를 수구 군주로 보는 견해도 꽤 있는데요. 그렇게 보는 근거는 무엇인가요?

김 선생　　　정조가 비판받는 주된 이유는 성리학을 제외한 다른 사상을 모두 이단으로 생각한 것입니다. 도교와 불교 서적을 읽으면 벌했고, 송시열을 송자宋子로 추앙하며 그의 문집을 대대적으로 간행했습니다. 공자, 맹자, 노자 등 춘추전국시대의 인물을 제외하면 조선에서 '자子'로 불린 사람은 주자와 송자뿐입니다. 조식, 이황, 이이도 '-자'로 불리지 못했습니다. 그만큼 송시열에 대한 서인 노론의

---

*　17세기 소빙하기의 추위로 난방을 위한 나무 사용이 급증했다. 그래서 조선의 산이 거의 민둥산이 되었는데, 정조가 복원에 노력했다.

추종은 절대적이었는데요. 정조는 그 추종의 정점을 찍었습니다. 다만 정조는 천주교에 대해서는 탄압하기보다 '정학이 바로 서면 자연스럽게 소멸할 것'이라는 관용적 입장을 가졌습니다.

정조는 청나라에서 들어온 자유로운 문체가 사상의 자유를 가져오는 것을 염려해서 문체반정文體反正을 통해 탄압했습니다. 명나라 황제를 기리려고 숙종 때 세웠던 대보단에서 제사를 지내는 데 지극정성을 다했습니다. 남편이 죽으면 아내가 자결하는 것을 미덕으로 강조하는 열녀 교육을 했고, 열녀가 나오는 고을에는 세금 감면 등의 혜택을 내렸습니다. 정조의 사상은 개혁 대상이던 노론 세력과 다를 바가 없었습니다. 정조는 성리학 질서가 왕권 강화에 도움이 된다고 생각했고, 노론은 성리학 질서가 백성 지배에 도움이 된다고 생각했습니다.

신해통공을 했지만, 경제 활성화를 꾀한 것은 아니었습니다. 북학파를 적극적으로 기용하지 않았고 소비를 억제하는 것은 여전했습니다. 대나무를 보호한다는 명분으로 부챗살의 길이, 살의 개수까지 단속했습니다. 하지만 서울 부동산 폭등을 잡지는 못했습니다. 무역 규모는 여전히 미미했습니다. 정조는 18세기 말의 급변하는 세계 변화를 파악하지 못하고 쇄국 정책을 취했습니다. 조선에 있는 서양 서적을 불태웠고, 중국에서 서적 수입을 금지했습니다.

토호 세력을 막고자 수령의 권한을 강화했는데, 강해진 권한이 백성 수탈로 이어졌습니다. 환곡의 모순도 바로잡지 못했고, 서울 지역의 관직 독점도 계속되었습니다.

개인 성품을 봐도 다혈질로 나이 많은 신하에게 욕설을 퍼부었습니다. 조선에서는 왕이 신하에게 경어를 썼는데, 영조와 정조는 막말을 가장 많이 한 군주였습니다. 담배도 해악이 지금처럼 부각된 시대는 아니었지만, 즐겨 피웠습니다.

지혜　　　　업적도 인품도 보는 시각에 따라 차이가 크네요. 다음은 정조의 업적 중에서 논란이 되는 부분을 살펴보지요. 먼저 실학입니다. 정조 시대에 실학이 융성했다는 긍정론과 당시에 우수한 실학자가 많았는데 더 적극적으로 활용하지 못했다는 비판론이 있네요.

김 선생　　　원래 실학은 유교 내에서도 많이 쓰이는 용어였습니다. 송나라 때의 성리학자들은 불교는 허학虛學이며 자신들이 실학이란 입장을 피력했지요. 그런데 조선 후기 들어서 수구화된 성리학을 대신해서 새롭게 나타난 학문을 현대 학자들이 실학이라 지칭하게 되었지요. 경기도 남인은 중농학파로 토지개혁을 주장했고, 서울의 노론 출신은 중상주의로 상공업 진흥을 구상하였습니다. 과학기술에 흥미를 갖고 지구가 회전한다는 지전설地轉說을 주장하기도 했지요.
　하지만 이들도 사대부의 큰 한계를 벗어나지 못했습니다. 신분제를 탈피하지 못했고, 정책의 구체성이 빠져 있었지요. 대표적 학자 정약용은 정조에게 상업을 억압할 것을 상소하는 등 개별적 한계가 분명했습니다. 무엇보다 당대에는 누구도 실학자를 기존 성리학자와 구별해서 생각하지 않았습니다. 즉 실학자는 '진취적인 성리학자' 였던 것이죠.

같은 시대에 유럽에서는 볼테르, 루소, 디드로 등에 의해 계몽주의가 유행했습니다. 자본주의 경제학을 정립한 애덤 스미스의 『국부론』이 출간되었고요. 그들이 유럽 역사에 끼친 영향과 비교하면 조선의 실학은 아쉬운 점이 많습니다. 그러나 사상이 한꺼번에 바뀔 수 없다는 것을 감안하면 한 걸음이라도 나아간 실학자들에게는 긍정 평가를 하는 게 타당하다고 봅니다. 그들을 조금이라도 기용한 정조도 마찬가지고요.

지혜   다음으로 인재 등용은 서울에 치중되었고, 과거제를 개혁하지 못했다는 비판입니다. 우수 인재가 과거 시험에 몰렸는데, 그나마 부정이 심했거든요.

김 선생   이 시기에 과거 시험 응시자가 급증했죠. 영조 초기부터 정조 중기까지 60년간에 과거 시험 응시자는 5배나 늘었습니다. 정조 20년에 치러진 별과의 경쟁률은 무려 3500대 1에 달했습니다. 이즈음 유럽에서 선진 지역이던 영국, 프랑스, 독일의 문맹률이 대략 50%였다는 것을 감안하면 조선의 입시 열기는 대단합니다. 과거 시험 때 부정행위도 심했습니다.* 시험 문제 유출, 채점 부정 등이 비일비재했습니다.

그 원인은 일차적으로 신분제의 동요로 양반 계층이 늘어났기 때문입니다. 영조 초기에 양반 비율은 25% 정도였는데 정조 즉위 때는 40% 정도가 됩니다. 양반 비율은 늘었으나 양반에게 마땅한 일자리가 관료 외에는 없었습니다. 그나마 특정 붕당과 지역이 대부분을 차지했기에 인재가 관직에 나갈 기회는 더욱 줄어들었습니다. 결국 지나치게 많은 인재가 과거 시험의 좁은 문에 몰렸습니다.

치열한 경쟁을 뚫고 관료가 된 사람은 관료를 위한 국가를 만들기 시작했습니다. 태종에서 문종 때는 관료가 백성에게 봉사했는데, 이제 백성이 관료를 위해 존재하게 된 거죠. 과거 시험에 합격하기 위해서는 속칭 '인 서울'이 중요했습니다. 정약용도 자식들에게 당부한 것이 '인 서울'이었으니까요.

하지만 정조 때의 과거제는 그 후에 비하면 나았습니다. 그 뒤에는 과거 시험 합격이 오로지 인맥과 돈으로 거래되었지요. 조선 초의 유능하고 도덕적인 인재 등용 시스템이 수명을 다한 것입니다. 이때는 과거제 자체를 개혁할 시점이었습니다.

지혜　　　정조 역시 앞뒤의 군주가 못해서 상대적으로 부각된 임금으로 봐야 할지도 모르겠습니다. 비교할 필요 없는 정조만의 업적인 수원화성 건축은 어떻게 평가할까요?

---

* 　시험장에서 바깥까지 대나무통을 길게 파묻고 그 속에 줄을 넣어 시험지를 줄에 묶어 빼낸 후에 바깥에서 답을 적어서 다시 안으로 보내기도 했다. 조선만 그런 것은 아니다. 청나라에서는 점심 도시락에 커닝 페이퍼를 넣거나, 옷에 빼곡히 글자를 써서 입고 들어가기도 했다.

김 선생 화성 건설은 거중기를 이용했다는 것, 쌓을 때 백성을 강제 노역에 동원한 것이 아니라 일당을 많이 줬다는 것을 긍정적으로 보죠. 그러나 거중기는 정약용의 순수 창작이 아니라 청나라에서 사 온 『고금도서집성古今圖書集成』에 소개된 기계였습니다. 화성 건설 이후 거중기는 다시 이용되지 않았습니다. 화성 건설만을 위한 기구였을 뿐입니다. 정조는 후세의 과도한 토목공사를 염려해선지 화성 건설 과정을 의도적으로 기록에 남기지 않아 이후 조선 건축 기술 발전을 가로막았습니다.

빠듯한 조선 살림에서 과연 화성이 필요했느냐는 의문도 제기됩니다. 정조가 화성을 건설한 이유가 자신이 상왕이 된 후의 거처를 마련하기 위해서였다는 점에서 더욱 그렇습니다. 최근 정조를 부각시키기 위해 화성이 미래를 내다본 신도시였다는 식으로 포장하는 경우가 있는데, 주된 목적은 본인 거처입니다. 효성이 지극했던 정조는 사도세자의 묘 가까이서 살고 싶었던 것입니다.

지혜 정조는 왜 상왕으로 물러나 화성으로 가고자 했을까요? 아직 못다 한 일이 많이 남았을 텐데요.

김 선생 정조가 마지막으로 간절히 하고 싶었던 것이 사도세자를 왕으로 추존하는 것이었습니다. 하지만 정조는 영조 앞에서 자기 입으로 맹세한 바가 있어서 할 수가 없었습니다. 조선에서는 바로 앞의 왕 결정을 뒤집는 것을 불효로 생각했기에 신하들의 지지도 받기 어려웠습니다. 할아버지와 약속을 지키면서 아버지를 높일 수 있는 유일한 방법은, 순조에게 왕위를 물려주고 자신이 상왕으로서 조종하여 순조가 추존하는 것이었죠. 세종의 장인이 태종에게 억울하게 죽은 것은 모두가 알았지만, 세종은 누명을 벗길 수 없었기에 문종이 즉위하자마자 바로 벗겨준 선례도 있습니다. 세종을 존경했던 정조는 그 선례를 따르고자 했던 겁니다.

수원으로 거처를 옮긴 이유는 사도세자 묘역 근처이기 때문이고요. 새로 설치한 군영인 장용영壯勇營도 퇴임 이후를 위해 육성했다고 보입니다. 장용영은 정조가 죽자 곧 해체되는데요. 후임 정권이 장용영의 지휘권을 확보하는 형태로 자신들의 권력 강화에 쓸 수도 있었는데, 그렇게 하지 않고 해체한 이유는 장용영이 정조 상왕 체제를 위한 것이었기 때문이죠.

지혜　　막상 정조는 상왕으로 은퇴하기 전에 사망하는데요. 현대에 와서 독살설이 널리 퍼졌고, 대중의 다수가 믿고 있는 상황입니다. 과연 노론 벽파의 영수 심환지와 예순대비*에 의한 정조 독살은 가능성이 있는 이야기인지요?

김 선생　　암살설이 거론된 조선 왕 중에서 가능성이 가장 적습

---

*　흔히 영조의 계비 정순왕후로 더 많이 알려져 있다. 하지만 정조 시절에는 왕후가 아닌 대비이므로 예순대비로 표기하는 것이 더 올바르다.

니다. 예순대비와 심환지는 정조와 정치적으로 적대적 관계가 아니었다는 근거가 분명합니다. 사망 당시 정조의 나이나 건강 상태를 감안해도 독살로 보기 어렵고요. 벽파가 정조를 독살해야 할 정도로 절박한 상태도 아니었습니다. 경종 독살설의 경우는 노론 대신들이 사사당하고 노론 정권이 무너졌고, 연잉군의 목숨도 위태로운 상황이었기에 설득력이 있지만, 노론 벽파는 그에 비할 위기 상황이 아니었죠.

예순대비는 정조의 유지를 받들어 순조의 아내로 시파時派 김조순의 딸을 확정 짓습니다. 정조를 암살할 정도의 패역도당이라면, 왕비를 자기 세력에서 간택하여 정권을 확실히 다졌을 것입니다. 실제로 예순대비와 벽파의 집권은 짧게 그치고 순조의 장인이었던 김조순을 중심으로 안동김씨*의 세도정치가 열립니다. 정조 독살 의혹이 있었으면 시파가 벽파를 제거할 때 그 문제를 거론하지 않았을 리 없습니다. 독살이 사실인데 거론하지 않았다면 정조가 아들 순조와 김조순에게도 철저히 버림받았다는 얘기가 됩니다. 결론은 당시 사람들이 보기에 정조 독살설은 논할 가치도 없는 낭설이었습니다.

지혜　　　세도정치는 정조에게서 마지막으로 논란이 되는 부분입니다. 정조가 의도하지는 않았지만 세도정치의 문을 열었다는 것

---

*　안동김씨는 두 가문이 있다. 세도정치를 했던 김상헌의 후손을 신안동김씨라고 한다. 안동이 본관이지만, 실제로 세도정치를 했던 사람들은 서울 장동을 본거지로 했다. 그래서 장동김씨라고도 한다.

입니다. 홍국영에게 전권을 준 것이 그 시초이고, 김조순의 안동김씨가 본격적으로 시작하니까요. 하지만 세도정치는 후대 왕의 능력이 부족해서지 정조의 책임으로 볼 수 없다는 반론도 있습니다. 어떻게 봐야 할까요?

김 선생   김조순은 병자전쟁 때 척화파였던 김상헌, 숙종 때 조정 내 노론의 실세였던 김수항, 경종 때 노론 4대신의 하나였던 김창집의 후손입니다. 한마디로 노론 최고 명문가였습니다. 정조는 어린 순조가 걱정되어 든든한 처가를 선택한 것 같은데, 바로 그것이 악수가 되었습니다.

그동안 조선은 태종, 세종 때 만든 시스템을 조금씩 보완해왔습니다. 수양의 쿠데타와 예종 때 구성군 이준의 부침을 겪은 후에 왕의 친족이 벼슬을 할 수 없게 했습니다. 숙종 때 인현왕후, 희빈 장씨, 숙빈 최씨가 왕을 두고 다투자 후궁은 중전이 될 수 없게끔 정했습니다. 영조가 66세의 나이로 15세 정순왕후랑 결혼했던 이유도 후궁은 중전이 될 수 없었기에 부득이한 조치였습니다. 중전 자리를 비워둘 수도 없고, 명문가 여성이 20세까지 혼인을 하지 않은 경우도 없었으니까요. 그런데 조선 왕조는 성렬대비의 전횡이나 서인 정권의 폭주를 겪으면서도 외척의 정치 개입은 손을 쓰지 못했습니다. 정조는 외척 문제를 확실히 개혁했어야 했는데 오히려 수구적 선택을 했습니다. 안동김씨의 장기 전횡까지는 예측하지 못했더라도, 시스템 자체의 문제는 파악해야 했는데 말입니다.

지혜　　　정조 개혁의 한계를 노론 벽파의 방해 때문으로 생각하는 사람이 많은데, 그것을 돌파하지 못했다면 위대하다고 평가할 수 없습니다. 잘못된 시스템과 기득권 세력을 깨뜨릴 수 있는 정치가 유능한 정치이지, 시스템과 기득권 때문에 못 했다면 그 자체가 정조의 한계를 드러낸 것입니다. 흥선대원군이 훨씬 불리한 여건 속에서도 안동김씨의 세도정치를 평화로운 방식으로 종결해버린 것을 생각하면 말입니다.

김 선생　　　정조가 실패한 원인은 세종이 되고자 했기 때문입니다. 정조는 모범 군주인 세종을 이상향으로 삼고 모방하는 정책을 폈지요. 하지만 정조는 새로운 시스템을 짜야 하는 시대의 군주였습니다. 정조는 주어진 시스템을 보완 발전시킨 세종이 아니라, 시스템을 구축하고 외척까지 쓸어버린 태종이 되어야 했습니다. 피를 보더라도 혁명 수준의 변화를 일으켜야 했습니다. 그런데 정조는 시스템의 혁신을 꾀하기보다 군주 개인의 능력에 의존하는 정치를 했습니다. 무력한 왕이 나오면 언제라도 무너질 수밖에 없는 구조를 고치지 못했습니다.

　물론 정조로서는 어쩔 수 없었겠죠. 암살의 위협도 있었으니까요. 하지만 정조가 해야 할 시점에서 하지 않았기에, 그 후 조선은 급격히 쇠퇴의 길로 접어듭니다.

지혜　　　복싱 선수 무하마드 알리Muhammad Ali의 명언 중에

'50세에도 20세와 같은 눈으로 세상을 본다면 30년을 헛되이 산 것이다'라는 말이 있습니다. 정조는 15세기의 세종과 같은 눈으로 세상을 바라보았습니다. 300년의 세월을 감안한 새로운 눈으로 세상을 바라보지 못했습니다.

반면 정조 시대에 세계는 무서울 정도로 많이 변했습니다. 어떤 사건이 있었는지 짚어보지요.

김 선생　　　정조 때 청나라 황제는 건륭제였습니다. 강희제, 옹정제, 건륭제로 이어지는 3대는 청나라의 전성기였죠. 그런데 건륭제는 예전에는 호평이 많았지만, 요즘은 비판적 의견이 증가했습니다. 강희제와 옹정제가 물려준 풍족함을 누리다가 마지막에 모두 탕진하고 후대에 짐만 잔뜩 안겼다는 것입니다. 건륭제 말년에는 부정부패가 만연했고, 농민 수탈이 극심했으며, 결국 백련교의 봉기를 진압하면서 국고를 탕진했습니다.

건륭제는 통상을 요구하는 서양 국가에 은혜를 베푼다는 고압적 자세로 일관했지요. 건륭제 초기에는 해외 시장을 개척할 필요가 없을 만큼 풍족한 상태였기는 합니다. 하지만 현실에 안주하면서 모순이 발생해도 방치함으로써 19세기에 닥쳐올 화를 방어하지 못하게 되었죠.

일본은 네덜란드와 무역을 계속하며 난학蘭學을 발전시켰습니다. 기상 이변으로 텐메이 대기근을 겪기도 했지만, 상업 부분은 계속 발전하여 자본이 축적되었지요. 이 점은 19세기 동아시아 국가 중

개방 후에 가장 먼저 근대화를 이루는 힘이 됩니다.

서양에서는 국가들이 경쟁하면서 발전했습니다. 독일의 프로이센에서는 계몽군주인 프리드리히 대왕이 영토를 넓히고 개혁을 이루었습니다. 정조와 재위 기간이 비슷한 러시아의 예카테리나 2세와 오스트리아의 요제프 2세도 개혁적 보수 정책으로 국가를 이끌어갔습니다. 영국은 입헌군주제로 정치가 안정된 가운데 산업혁명을 시작했습니다. 미국은 독립을 이루면서 대통령제를 시행했고, 프랑스에서는 대혁명이 일어나 본격적인 근대의 막을 열었습니다.

자유와 평등의 가치가 떠오른 것입니다.

지혜　　　사실 이때 조선에서도 백성의 자각이 시작되었습니다. 판소리 춘향가를 보면 자유연애와 신분을 초월한 평등한 사랑이 나타나 있으니까요. 그런데 백성의 의식이 깨어가는 데 반해 지배층은 역주행했습니다. 근세로 가장 먼저 진입했던 조선은 근대로 가는 길은 정체되었습니다. 강력한 중앙집권 체제를 일찍 구축했던 조선은 역설적으로 수구적이고 배타적인 세력이 조정을 장악하자 변화가 느려졌습니다. 유럽 각국은 위로부터 개혁을 하거나 아래로부터 혁명을 했는데, 조선 정치는 퇴보했습니다. 정치는 경제, 사회, 문화 분야의 발전마저 가로막았습니다.

이제 마지막으로 타락하고 무능한 정치가 지배했던 19세기를 살펴볼 차례로군요. 마음이 무거워지네요.

VI
하강

19세기,
헬 조선 도래는
필연이었나?

1. 조선의 운명이
   달라질 뻔한 사건은?

지혜   이제 19세기입니다. 조선의 19세기는 순조(1800-1834), 헌종(1834-1849), 철종(1849-1863), 고종(1863-1907) 시대입니다. 민생이 무너지고, 왕권은 허약했으며, 지배층의 탐욕은 극에 달했던 시기입니다. 결국 조선은 외세의 침탈을 받으면서 망해갑니다. 불행했던 19세기의 첫 번째 왕인 순조 시대부터 살펴보겠습니다.

김 선생   1800년, 순조는 열한 살에 즉위합니다. 조정의 가장 웃어른인 예순대비 김씨가 수렴청정을 했습니다. 정조 독살설과 연관하여 예순대비를 악녀로 보는 경향이 많은데, 실상은 그렇지 않았습니다. 예순대비가 수렴청정할 때 있었던 주요 사건은 천주교 박해와 공노비 해방입니다. 천주교 박해는 잘못한 행위지만, 공노비 해방은 잘한 정책이었습니다. 노론 벽파가 정조의 정책에 저항하고 훼방만 했다는 것은 편견이죠. 오히려 공노비 해방을 비판한 사람이 조선 최고의 학자인 정약용이었습니다. 사람은 수구적인 면과 개혁적인 면이 섞여 있는 경우가 많은데, 예순대비도 정약용도 그러했습니다.

공노비 해방은 인권의식 발달로 인한 현실 문제이기도 했습니다. 자급자족 체제와 달리 도시가 성장하고 화폐가 유통되는 상황에서는 도망갈 수도 있으니까요. 훗날 미국의 노예 해방도 노예의 도망이 늘어난 것에서 시작되었습니다. 조선의 공노비 해방은 동유럽의 농노제가 19세기 중반에야 폐지되었고, 노예제가 남아 있는 지역도 많았다는 것을 감안하면 늦은 결정은 아니었습니다.

예순대비는 자신의 친정과 노론 벽파를 챙기기는 했지만 그리 심하지 않았습니다. 하지만 예순대비가 죽은 후 시파는 벽파를 축출하고 세도정치를 합니다. 붕당이 소멸한 상태는 붕당 대립 상태보다 오히려 더 위험합니다. 정치에서 가장 중요한 견제 기능이 없어지니까요. 상대 당이 건재한 상황에서는 소인으로 공격받을 수 있으므로 행동을 조심하고 부정부패도 자제합니다. 하지만 상대 당이 없는 상황에서는 자제의 필요성도 사라집니다.

지혜   순조 때는 조선의 누적된 문제가 터지기 시작합니다. 그 시작이 서북 지방에서 일어난 홍경래의 봉기죠. 흔히 홍경래의 난으로 알려져 있고, 요즘은 서북농민항쟁으로도 표현하고요. 서북 지방 차별, 몰락 양반의 불우한 처지 등 조선의 여러 문제가 복합적으로 얽혀 일어난 사건이지요. 결국 진압되지만, 그 의미는 큽니다.

김 선생　　　이괄은 반란을 일으킬 때 흥안군을 왕으로 추대했고, 이인좌도 소현세자의 후손인 밀풍군을 본인 의사와 상관없이 추대했습니다. 어디까지나 집권세력에 대한 도전이었지 조선 왕조 자체에 불만을 표현하지는 않았습니다. 그런데 홍경래의 봉기는 조선 왕조 자체에 대한 도전이었지요. 이씨가 망하고 정씨가 흥한다는 예언서인 『정감록鄭鑑錄』이 이때 본격적으로 퍼집니다. 봉기가 진압된 후에도 홍경래가 살아 있다는 소문이 계속 떠돈 사실은 백성이 왕조 자체를 불신하기 시작했다는 것을 보여줍니다. 러시아 치하의 코사크족이 봉기했다 실패한 후에도 주동자인 스텐카 라친이 살아 있다는 믿음이 100년 넘게 지속하였지요. 백성의 삶이 힘겨우면 나타나는 현상입니다.

　　한편 정부의 탄압은 오히려 더 심했습니다. 민본주의 국가인 조선은 주모자에게는 잔혹했지만, 단순 가담자에게는 선처를 베풀곤 했습니다. 그런데 홍경래의 봉기 때는 포로가 된 2983명 중에 남자아이와 여자를 제외하고 성인 남성 1917명을 모두 처형했습니다. 조선의 가장 큰 장점인 애민사상이 무너졌습니다.

지혜　　　한편 이때 기후 여건마저 다시 악화되죠. 현종, 숙종 때 바닥을 치던 기후 여건이 영조 후기부터 정조 때까지 조금 호전된 것이 민생 회복의 이유였는데요.

김 선생　　　18세기 끝인 1799년에 전염병이 크게 돌았지요. 19세기 초에는 인도네시아의 탐보라 화산이 사상 최대 규모로 폭발합니다. 화산재가 유라시아 대륙 전체를 덮었고, 그 후유증은 어마어마했습니다. 조선은 순조 14년에서 16년에 걸쳐 무려 130만의 호구가 감소합니다. 호구가 감소하니 세금 수입이 줄어 재정은 부족했고, 탐관오리는 남은 백성을 더욱 쥐어짰습니다. 악순환이 반복된 것이죠. 조선 왕조에서 백성의 가난은 개인의 노력 여하로 해결할 수 있는 성질이 전혀 아니었습니다. 애초에 토지가 없고, 과중한 세금만 있는 상태에서 개인은 아무리 노력해도 힘든 상황을 벗어날 수 없었습니다.

조선의 시스템에서 관리는 백성을 위한 봉사직이었습니다. 그래서 관리의 연봉이 고려 때보다 큰 폭으로 줄었지요. 시대에 따라 다르지만 영의정의 연봉이 오늘날 가치로 환산하면 3000만 원이 안 될 때도 있었고, 이방을 비롯한 시골의 아전들은 아예 월급이 없었습니다. 상민들이 노역과 국방의 의무를 짊어졌듯이 지배층은 행정의 의무를 짊어진 것이죠. 조선 초기에는 높은 도덕성으로 어느 정도 커버했지만, 언제라도 부패가 일어날 수밖에 없는 구조였지요. 불행하게도 관리의 도덕성이 붕괴한 조선 말기에 착취는 노골적으로 심해졌습니다.

중국에서 성리학의 나라인 송나라는 비리를 막고자 관리의 녹봉을 넉넉히 책정했습니다. 일례로 수도 카이펑의 시장 격이었던 포증의 경우 1년 수입이 대략 20억이 넘었으니까요. 송나라 때는 중세 온난기라 기후 여건이 좋아 농업 생산성이 높았고, 상업도 매우 발달해서 세금을 많이 거둘 수 있었기에 고연봉 지급이 가능했습니다. 반면 같은 성리학의 나라인데도 명나라는 월급이 적었고, 관리의 부패가 극심했습니다. 기후 여건이 좋지 않았고, 상공업 발전이 약해서 송나라 때보다 경제가 오히려 퇴보했기에 벌어진 현상입니다. 조선은 경제력을 키워 관리에게 녹봉을 넉넉히 주고 한편으로 비리는 단호하게 징계하는 시스템을 갖췄어야 했습니다. 그러나 조선은 경제력이 퇴보하였고, 관리들은 백성을 더 쥐어짜서 배를 채웠습니다.

　견디다 못한 백성은 도적이나 화전민으로 이탈했습니다. 화전민의 증가는 숲의 황폐를 가져왔고, 숲의 가뭄과 홍수 조절 기능이 떨어지면서 잦은 흉년의 원인이 되었습니다. 자연 파괴의 악순환이 일어난 것입니다.

지혜　　　순조는 악한 왕은 아니었으나 심약했습니다. 무기력한 모습만 보이다 건강까지 나빠졌고, 효명세자가 대리청정을 시작합니다. 세자는 많은 기대를 모았으나 안타깝게도 일찍 죽고 맙니다. 상심한 순조는 곧 세상을 떠났고, 여덟 살인 손자 헌종이 왕위를 물려받죠. 안동김씨는 마음대로 전횡을 휘두를 수 있게 되었습니다. 조선은 운마저 따라주지 않는군요.

김 선생　　　그렇죠. 혹자는 정조가 20년 더 살았다면 조선이 바뀌었을 것이라 얘기하죠. 하지만 25년간 안 했던 일을 더 늙어서 얼마나 할 수 있었을까 싶습니다. 반면 조선이 기대를 걸어볼 만한 사람은 효명세자였지요. 효명세자는 적장자였기에 완벽한 정통성이 있었고, 경쟁이 될 형제나 사촌도 없었습니다. 한마디로 숙종처럼 강력한 왕권을 갖출 조건이 된 것입니다. 효명세자는 유능했고, 무엇보다 실학자 박지원의 손자인 청년 박규수를 총애하는 혜안이 있었죠. 박규수는 박지원의 저작을 통해 서양 문물과 과학기술에 대한 식견을 갖추었고, 부패 개혁 의지가 강했습니다. 효명세자가 즉위했다면 일찍 세도정치를 타도하고 개화의 문을 열었을 가능성이 있고, 그렇다면 조선의 운명은 달라졌을 겁니다. 하지만 세자가 급사하면서 박규수도 재야에 묻힙니다. 그는 한참 지나서야 조정에 나오지만 그때는 조선의 힘이 기운 후였습니다.

지혜　　　건륭제는 1799년, 정조는 1800년에 타계했습니다. 그때부터 아편전쟁이 발발한 1840년까지 청나라와 조선이 급속히 쇠약해지는 시기였습니다. 반면 유럽은 경이로운 성장을 했습니다. 유럽은 나폴레옹 전쟁을 겪었으나 그로 인해 사회 시스템이 혁신되었습니다. 자유와 평등 사상이 확대되었고, 경쟁을 통해 산업이 크게 발전하였습니다. 우수한 무기를 바탕으로 전 세계에 식민지를 확대해갔습니다. 하나의 식민지를 확보하면 거기서 획득한 물자와 인력을 이용해 또 다른 식민지를 만들었습니다. 조선도 이때 유럽과 접촉이 있었죠.

김 선생　　　효명세자가 죽고 2년 후인 1832년에 영국의 무역선 로

드 암허스트Lord Amherst호가 충청도 해안에 나타나 무역을 제안했습니다. 호의적인 자세였고, 배에 탑승했던 독일인 선교사가 감자 재배법도 가르쳐 줬지요. 하지만 조선은 청나라 허락 없이 통상할 수 없다고 돌려보냈습니다. 이때 조선의 관료 중에 개항의 필요성을 느낀 사람은 아무도 없었습니다.

일본의 요시다 쇼인이 제자를 키웠던 시기가 1850년대였습니다. 그 제자들이 덴노 중심 체제로 부국강병을 추진하지요. 반면 박규수에게 영향을 받은 조선의 개화파 김옥균 등은 그보다 한참 늦게 활동을 시작합니다. 만약 박규수가 조정에서 일찍 세력을 확보했다면 조선 개화파의 출현도 빨랐을 수 있고, 그러면 강화도 조약에 의한 강제 개항이 아니라 능동적 준비 과정을 거친 뒤 대등한 조건의 개항이 이루어졌을 가능성도 배제할 수 없습니다. 조선의 마지막 기회는 이때 날아갔다고 봐야 합니다.

지혜　　　효명세자가 타계하고, 어린 헌종의 즉위가 안동김씨에게 호재가 되었다는 점에서 암살설이 있습니다. 영화에서도 그렇게 표현되어 사실로 알고 있는 대중도 많고요. 이를 어떻게 봐야 할까요?

김 선생　　　세자는 대리청정 시기에는 안동김씨와 대놓고 반목하지는 않았습니다. 하지만 안동김씨 외의 세력을 조금씩 키우고 있었지요. 세자빈은 풍양조씨였고요. 그 점을 염려한 안동김씨가 대립하기도 전에 예방 암살을 했다는 주장인데요. 한창나이의 세자가 갑자기 피를 토하고 죽었다는 점에서 의혹이 있습니다. 하지만 순조가 사건 조사를 하지 않았다는 점, 권력 승계의 바깥에 있는 공주나 옹주의 사망률이 높았다는 점 등을 근거로 암살이 아니라고 보는 관점이 유력합니다. 참고로 세자는 죽었지만 세자빈은 후일 조대비가 되어 고종을 옹립하고 흥선대원군의 정치 파트너가 됩니다.

2. 위로부터의 개혁이
   실패한 이유는?

지혜　　　　조선이 쇠약해질 때 국제 정세는 요동치고 있었습니다. 1840년에 영국은 청나라를 상대로 아편전쟁을 일으킵니다. 결과는 우수한 무기를 가졌던 영국의 일방적 승리였고, 청나라는 강제로 항구를 개항했습니다. 이때 조선은 어떤 반응을 보였는지요?

김 선생　　　효명세자 사후 조선은 외국에 무관심했습니다. 조선은 오랜 기간 전쟁이 없었고, 그로 인해 나태해져 있었습니다. 아편전쟁에 관해서도 조선에서는 영국과 청나라가 화친하였기에, 더 이상 서양 오랑캐의 난동은 없을 것이란 결론을 내렸습니다. 세상의 대변혁이 다가오고 있는데, 자신이 보고 싶은 것만 본 것입니다. 조선의 관료들은 극도로 폐쇄적이었습니다.

한편 일본은 아편전쟁 당시 서양의 힘을 정확히 파악하고 있었습니다. 쇄국을 택한 것은 마찬가지였지만, 모르고 있다 당한 것과 마음의 준비를 하고 있는 것은 다르지요. 아편전쟁 10여 년 후에 일본은 미국의 페리 제독의 힘에 굴복해 개항하면서, 바로 미국에 유학생을 보냈습니다.

지혜　　　사람보다 사건, 사건보다 사상과 시스템이죠. 조선이 17세기 말에 사상과 시스템이 굳어버림으로써 18세기에 느슨한 전개로 이어지다 19세기에 몰락한 것이 확실해 보이네요. 이후의 역사 전개를 계속 살펴보죠.

김 선생　　　조선은 계속 운이 따라주지 않습니다. 성인이 되어 왕권을 키우려던 헌종이 23세의 젊은 나이에 사망합니다. 안동김씨 등 유력 가문은 속으로 미소를 지었을 것입니다. 왕실의 직계가 끊어지자 강화도에서 농사짓던 먼 혈족인 철종이 옹립되지요. 철종은 민생을 살리려는 뜻은 있었으나 정치에 어두웠고 지지기반도 전무했기에 세도정치를 막지 못하고 무기력한 세월만 보냈습니다. 모순 타파가 이루어지지 못하자, 결국 농민 봉기가 일어날 수밖에 없었습니다.

　온갖 착취에 견디다 못한 농민들이 1862년 임술농민봉기를 일으킵니다. 진주에서 먼저 봉기가 시작되었고요. 경상, 충청, 전라 여러 지역에서 개별적인 봉기가 이어졌습니다. 이때 농민들은 수령을 임금의 대리인으로 여겼기에 모욕은 줬지만 죽이지는 않았습니다. 하지만 조정의 사후처리는 철저히 수령 편이었습니다. 수령의 부정부패와 횡포가 밝혀져도 파직에 그쳤고, 봉기를 일으킨 농민 주동자는 사형에 처했습니다. 대표적 탐관오리 백낙신은 박규수의 요청대로 귀양에 처했으나, 1년 만에 복직되었습니다.

지혜　　　세상을 바꾸는 방법은 위로부터 개혁과 아래로부터 혁명이 있습니다. 19세기 초중반에 위로부터 개혁은 국가 지도자에게 닥친 불운으로 이루어지지 못했고, 아래로부터 혁명도 역량의 부재로 실패했습니다. 조선은 왜 백성의 역량이 부족했을까요?

김 선생　　　19세기의 조선 백성은 문화 주체로 발전하고 있었습니다. 사설시조, 판소리, 탈춤 등 서민 문화가 보편화하였지요. 신분 해방, 사상의 자유, 성평등에 대한 인식도 높아졌습니다. 심한 박해에도 불구하고 성리학 질서를 대체해서 천주교를 믿는 사람은 계속 늘어났습니다. 하지만 이들을 응집시킬 조직이 부재했습니다.

　서양의 혁명은 부르주아들이 이루었지만 조선의 상업 자본은 권력에 맞서 싸우기보다 권력에 결탁해서 이권을 보장받는 쪽을 택했습니다. 경강상인은 매점매석으로 서울의 쌀값을 폭등시켜 막대한 이익을 취했습니다. 견디다 못한 도시빈민들이 폭동을 일으키자 정부는 빈민에게는 무거운 벌을, 경강상인에게는 관대한 처분을 내렸습니다. 경강상인은 고위 권력자들과 줄이 튼튼했기 때문이죠. 유일한 조직적 봉기였던 홍경래의 봉기가 가능했던 가장 큰 원동력은 광산으로 갑부가 된 이희저가 참여해 군비를 댔기 때문입니다. 임술농민봉기는 학정에 지쳐 일어났을 뿐, 지역별 조직과 자금이 없었기에 실패로 돌아갔습니다.

봉기는 실패했지만, 그 의미는 가볍지 않았습니다. 이제 조선이 더 이상 이렇게 진행되어서는 안 된다는 경각심이 생겨난 것입니다. 1860년에 최제우가 인간 평등을 주장한 동학을 창시했는데, 빠르게 퍼져나갑니다. 늦었지만 아래로부터의 혁명의 토대가 준비된 것이 죠. 드디어 전근대적인 백성은 주체성을 가진 민중으로 거듭나기 시작합니다.

한편 철종이 아들 없이 사망하자, 대왕대비인 조대비는 후계자로 왕족인 이하응의 둘째 아들을 지명합니다. 바로 고종인데, 그는 효명세자의 양자로 입적되는 방식을 통해 왕위에 오릅니다. 그러면서 고종의 아버지인 이하응이 대원군이 되어 실세로 정권을 장악하지요. 위로부터의 개혁이 드디어 시작된 것입니다.

지혜   흥선대원군 시대가 열리는군요. 대원군은 실권을 쥐자 바로 개혁을 시도했지요. 세도정치 뿌리가 깊이 박혀 있던 시대란 것을 감안하면 그 개혁의 규모는 앞선 왕들이 상상하기 어려울 정도로 컸습니다. 그 명과 암을 보도록 하겠습니다.

김 선생   대원군은 부정부패를 척결했습니다. 노론 일색이던 조정에 몰락한 붕당의 인재를 기용했습니다. 다시 등장한 남인, 북인의 비율은 영조와 정조 때보다 월등히 높았습니다. 홍경래의 봉기 때 피해 본 평안도를 달래고자 현지에서 과거제를 실시하는 등 지역차별도 타파했습니다. 비변사를 없애고 의정부 체제를 복원했습니다. 강한 군대를 육성하기 위해 문신이 갖고 있던 군사권을 무신에게 돌렸습니다. 농민 착취의 근원이자 낡은 사상의 전파 장소인 서원을 대거 철폐했고요. 명나라 황제를 모시는 만동묘를 없애버립니다. 호포제를 실시해 의무는 없이 특권만 누리려던 양반에게 세금을 부과했습니다. 양반들은 자신의 노비 이름으로 납부하는 형태로 타협하지요.

이러한 개혁은 오랫동안 착취와 억압만 당해오던 민중의 엄청난 지지를 얻었습니다. 후일 실각한 후에도 임오군란, 동학농민혁명 등 주요 사건 때마다 민중은 대원군에게 손길을 내밀 정도로 그의 인기는 대단했습니다.

그러나 대원군은 앞선 모든 긍정 요인을 상쇄하는 치명적 과오를 저지릅니다. 경복궁 중건을 위해서 당백전當百錢을 발행한 것이었습니다. 당시 조선 재정은 극도로 빈약했습니다. 철종이 죽었을 때 국고에는 장례를 치를 돈조차 없었습니다. 청나라에 새 왕이 등극한 것을 알려야 하는데 사신을 보낼 경비가 없었습니다. 그래서 국고가 아니라 왕실 소유 예산에서 변통해 해결했지요. 이런 상황에서 당백전 발행은 화폐 유통의 혼란을 가져왔습니다. 화폐의 틀이 깨지면 국가는 망하는데 대원군은 경제학 개념이 아예 없었습니다. 원납전 징수와 백성의 노역 동원도 원망을 불러일으켰습니다. 경복궁 중건은 왕의 권위를 내세우기 위해 필요했지만, 민생 회복이 더 급한 문제였습니다. 광해군이 임진전쟁 이후 피폐한 경제 상태에서 궁궐 공사로 민심을 잃었다는 선례를 감안하지 않은 조치였습니다.

천주교 탄압과 쇄국 정책도 대원군의 실책으로 거론하는 이가 많습니다. 하지만 천주교 탄압은 순조 때부터 헌종, 철종 때까지 계속된 문제였습니다. 초기의 대원군은 아내가 천주교 신자였기에 천주교에 우호적이었지만 조대비를 비롯한 조정 내 모든 세력은 천주교에 적대적이었습니다. 사실 대원군의 권력에는 한계가 있었습니다. 고종 초기는 법적으로 조대비의 수렴청정기였고, 주요 명령은 대원군과 상의를 거치기는 했지만 조대비의 입에서 나오는 상황이었습니다. 쇄국 정책도 마찬가지입니다. 당시 조선 내에서 개방하자는 목소리는 전혀 없었습니다. 내부 기득권 세력과 싸우기도 힘든데 천주교를 옹호하고 개방까지 했다면 조정 내에 지지 세력이 하나도 남지 않았을지 모릅니다. 설령 대원군이 개방을 원했더라도 정치 현실을 감안하면 쇄국 외에는 선택의 여지가 없었습니다.

조선의 취약한 시스템과 빈약한 상공업 구조로는 10년 빨리 개방했어도 결과는 마찬가지였을 겁니다. 청나라는 1842년에 개항했지만 반식민지 상태로 떨어졌고, 일본은 그보다 12년 늦게 개항했지만 강대국이 되었습니다. 개방 당시 얼마나 준비가 되어 있는지가 중요합니다. 20세기 끝무렵에 소련이 개혁과 개방을 동시에 급격히 추진하려다가 붕괴한 사례도 참고할 필요가 있습니다. 먼저 개혁을 하고 난 후에 개방했다면 달랐을 수 있지요.

지혜   경제가 취약할 때 전면적인 자유무역은 외세에 경제가 종속되는 결과를 낳습니다. 유치산업 성장을 위해서는 일정한 보호무역이 필요하지요. 영국도 미국도 초창기에 보호무역을 실시했습니다. 1871년에 있었던 프로이센 주도의 독일 통일에는, 독일 국가끼리는 자유롭게 교역하면서 외부로는 보호무역을 했던 관세동맹이 결정적 힘이 되었습니다. 비스마르크의 철혈 정책도 관세동맹을 통한 자금과 기술의 축적이 있었기에 가능했지요. 하지만 계속 보호무역만 해도 곤란합니다. 영토가 좁고 자원이 부족하며 인구가 많은 나라는 적극적으로 무역을 하는 것만이 성장할 수 있는 비결입니다. 결론은 적절한 시점이 중요한데, 조선은 개방 시점이 맞지 않았던 것이죠.

조선이 숙종에서 정조까지 내부 모순을 바로잡고, 효명세자가 오래 살아 개방을 했다면 참 좋았을 것 같네요. 대원군이 쇄국의 책임을 덮어쓴 것은 그의 불운이었습니다. 그가 실권을 쥐었던 기간에 병인양요와 신미양요가 일어났기 때문이겠죠.

김 선생　　　1866년에 프랑스는 선교사가 처형된 것을 명분으로 군함을 보내 강화도를 점령합니다. 조선군은 응전을 펼쳐 승전했지만, 문화재를 약탈당했습니다. 프랑스는 베트남 침략에 주력하고 있었고 1870년에 프로이센과 전쟁을 벌였기에 더 이상 조선에 군대를 보내지 않았습니다.

외부의 공동 적이 있어야 내부가 결속된다는 것을 파악한 대원군은 척화를 강조합니다. 1868년에 유대계 상인 오페르트가 대원군의 생부 남연군의 묘를 도굴하려고 시도한 사건이 벌어졌고, 척화 분위기는 한층 강화됩니다. 한편 1866년에 미국 상선 제너럴 셔먼호가 평양까지 들어와 만행을 저지르자 백성들이 불태운 사건이 있었는 데요. 이를 빌미로 미국이 함대를 파견하여 1871년에 신미양요가 일어나지요. 미국은 강화도를 침범했고, 조선군은 무기의 현격한 수준 격차를 극복하지 못하고 대패합니다. 미국 측 집계에 따르면 미군은 전사 3명, 조선군은 전사 243명, 익사 100여 명, 포로 20명이었습니다. 하지만 희생이 컸다고 그 책임을 대원군에게 돌리는 것은 온당하지 못합니다. 조선의 국방력은 북벌을 포기한 이후에 누가 쳐들어와도 잡아먹힐 수준으로 나약했습니다. 한마디로 문종이 임금이고 이순신이 국방을 맡아도 해볼 수 없었습니다. 그때 미국의 기록을 보면, 죽을지언정 굴하지 않는 조선 병사들의 장렬함에 감탄했다는 내용이 쓰여 있습니다. 이때는 최소한 병사들의 애국심만은 확고했던 것입니다.

지혜　　　　대원군 때는 이미 조선은 너무 나약한 상태였습니다. 대원군 때문에 망했다는 논리는 계백 장군이 황산벌에서 져서 백제가 망했다는 논리와 같습니다. 최악의 여건에서 그 정도 개혁을 한 것만도 대단하다고 여겨집니다. 그런데 왜 대원군에 대한 평가는 부정적 의견이 많을까요?

김 선생　　　　당대에 비판받았던 이유는 개혁을 했기 때문이죠. 10년간 집권했던 대원군은 유림을 대표하는 최익현의 상소를 계기로 하야했습니다. 성리학자들은 천주교 탄압과 척화에는 공감했지만, 서원을 철폐하고 만동묘를 없앤 대원군을 적으로 생각했으니까요. 한편 천주교 탄압 때문에 대원군을 적으로 생각한 사람도 많습니다. 결국 모두 자기와 의견이 일치한 부분은 넘어가고, 불일치한 것만 지적하면서 욕했던 것이죠. 그런데 그들의 기록과 직계 후손이 지금까지 이어지니 요즘도 비판의 근거로 작용하는 것이고요.

또 다른 이유는 조선 망국의 책임을 덮어쓴 것이죠. 사실 망국의 책임을 져야 할 군주는 고종 부부입니다. 그런데 이들은 일제에 강제 퇴위와 살해를 당했기에 비판하면 자칫 친일 프레임에 말려들 수 있습니다. 그 점에서 대원군은 비판하기 좋은 인물이죠. 조금 과장하면 대원군이 길게는 인조 때부터, 짧게는 세도정치기에 발생한 숱한 문제점을 모조리 덮어썼다고 보면 됩니다.

마지막 이유는 대원군은 실각 이후 25년간 정계 복귀를 위해 수단을 가리지 않았지만, 더 이상 꿈을 이루지 못했습니다. 역사의 패자가 된 것이죠. 더구나 유감스럽게 그 25년간은 존경받을 언행을 하지도 못했습니다. 집권 기간의 공을 자기 스스로 깎아 먹은 셈입니다.

지혜　　　흥선대원군은 애초에 법으로 보장된 권한이 없는 시스템 바깥의 인물이었습니다. 고종이 나이가 되었으니 물러날 수밖에 없었지요. 문제는 고종입니다. 고종이 아버지의 뒤를 이어 비전을 갖고 해나갔으면 좋았는데, 그러지 못했습니다. 고종은 왜 실패했을까요?

김 선생　고종은 부채뿐인 국가를 물려받았습니다. 통치 시스템은 낙후되었고 믿을 수 있는 신하도 없었습니다. 외국은 본격적으로 탐욕을 드러냈는데, 군사력은 극히 부실했습니다. 하지만 경기에서는 졌으나 잘 싸웠다는 얘기를 듣는 감독이 있는가 하면, 작게 질 경기를 크게 졌다는 평가를 받는 감독이 있습니다. 고종은 유감스럽게도 후자였습니다.

고종은 시대의 흐름을 파악하지 못하고 개화와 수구 사이를 오가며 정책의 방향성과 장기 전망을 보여주지 못했습니다. 외교 정책도 무능했고 일관성이 없었습니다. 우유부단했고 외척의 횡포를 묵인했습니다. 가장 큰 문제는 백성보다 왕실을 우선했습니다.

지혜　고종과 일본의 메이지 덴노는 1852년생 동갑입니다. 고종은 1864년에 즉위했고 1873년부터 실권을 잡아 1907년까지 통치했습니다. 메이지는 1867년에 즉위했고 1868년부터 실권을 잡아 1912년까지 통치했습니다. 비슷한 시기에 시작해서 비슷한 기간 동안 전제군주로 살았는데, 메이지는 일본을 강대국으로 올려놓았고, 고종은 망국의 군주가 되었습니다. 왜 이렇게 되었는지 일본 역사도 아울러 알아보죠.

조선과 일본은 19세기 후반에 큰 변화를 겪습니다. 조선은 식민지의 길로 가는데 일본은 빠른 산업화를 이루고 군국주의를 거쳐 제국주의에 합류합니다. 그 차이는 어디에서 비롯되었을까요?

3. 한·중·일의 운명이
엇갈린 이유는?

김 선생 일본은 일찍부터 상인 계급이 형성되어 있었고요. 네덜란드를 통해 서양 학문을 계속 받아들였습니다. 반면 조선의 상인은 권력자들에게 종속된 것이나 다를 바 없었습니다. 일본은 조선보다 영토가 크고 인구도 많았으며, 청나라의 간섭을 받지도 않았습니다. 일본은 조선보다 세율이 높았기에 실제로 가용 가능한 예산은 10배까지 차이가 났습니다.

조선은 왕을 중심으로 정치 시스템이 촘촘히 짜여 있었기에 역설적으로 시스템을 부수기 어려웠습니다. 반면 일본은 상징적 지배자인 덴노와, 힘을 가진 지배자인 바쿠후로 권력이 이원화되었기에 바쿠후를 무너뜨리기가 쉬웠습니다. 그 외에도 일본에는 행운이 따랐습니다. 영국에서 산업혁명이 일어난 이유가 노력 외에도 여러 행운이 복합적으로 겹친 결과였듯이 일본도 그러하였습니다.

일본은 미국의 무력에 굴복해서 개항했습니다. 개항 후에 덴노를 높이고 서양 오랑캐에 저항하자는 존왕양이론이 득세했습니다. 하지만 일본의 사쓰마 번과 조슈 번은 각각 외국과의 전투에서 패했습니다. 그러자 바쿠후를 타도하고 덴노를 높이되, 개화하자는 쪽으로 분위기가 바뀌었습니다. 마침 국제 정세가 일본에 유리해졌습니다. 미국은 자국 내에서 남북전쟁이 발발하면서 일본에 간섭할 여유가 없었죠. 영국은 식민지가 워낙 넓게 걸쳐 있어서 관리가 어려울 정도였고, 이즈음에 인도에서 1차 독립전쟁(세포이 항쟁)을 맞았기에 일본에 신경 쓰지 못했습니다. 프랑스도 아시아에서는 인도차이나에 집중했습니다. 개항 시점이 절묘했던 것이죠. 덕분에 일본은 개항 후 주체적으로 개혁을 해나갈 수 있었습니다.

바쿠후 세력을 몰아낸 일본은 덴노를 중심으로 1868년부터 서양식의 근대국가를 지향하는 메이지유신을 추진합니다. 유럽에 이와쿠라 사절단을 보내 선진 문물을 배우지요. 한편 이때 조선을 정벌하자는 정한론征韓論이 등장합니다. 반대한 사람들도 시기상조일뿐이라고 판단했습니다. 일본은 결국 운요호 사건을 통해 조선을 압박하여 강화도 조약을 체결하지요. 이후 일본은 조선을 경제적으로 침략하면서 성장해나갑니다. 부익부 빈익빈, 강익강 약익약 현상이 일어난 것입니다.

지혜　　　이 시기에 중국은 어떠했습니까? 비록 1800년 즈음부터 급격히 약해졌지만, 그래도 이전에는 세계 최강국이었는데, 아편전쟁에서 한 번 졌다고 급격히 몰락한 이유는 무엇인지요?

김 선생　　　아편전쟁에서 패한 청나라는 영국에 배상금을 지급했습니다. 백성의 부담이 늘어나자 종교 세력을 중심으로 봉기가 일어납니다. 바로 태평천국운동입니다. 봉기군은 멸만흥한을 내세우면서 만주족이 지배하는 청나라에 정면으로 대항합니다. 토지개혁과 성평등을 주장했기에 농민의 지지를 얻었고, 중국 남쪽을 순식간에 장악합니다. 하지만 태평천국은 지도층의 내부 분열과 부패가 발생합니다. 한족 기득권 세력과 서양 세력이 청나라 정부를 지원했고, 결국 태평천국은 멸망합니다. 봉기부터 멸망까지 수천만 명이 사망하지요.

위기를 겪은 청나라는 중체서용中體西用을 기치로 양무운동을 추진합니다. 중국의 체제를 고수하되, 서양의 기술은 수용하자는 것이죠. 상공업을 진흥하고 서양식 무기도 제작했지만 체제 변화가 없었기에 실효를 거두지 못합니다. 후일 청일전쟁에서 패하면서 그 한계가 드러나고 맙니다.

참고로 청나라뿐 아니라 같은 시기에 서아시아의 오스만 제국도 내부 구조가 취약해서 서양 열강의 침탈을 받습니다. 국민국가를 이룬 서유럽과 달리 다민족, 다종교 국가였기에 각자가 생각하는 국가 지향점이 다를 수밖에 없었습니다. 혹자는 튀르크 민족주의를 내세웠고, 혹자는 이슬람주의를 내세웠지요.

지혜　　　청나라가 위기에 몰려 있는데도 조선은 여전히 변화의 필요성을 느끼지 못했습니다. 당시 사대부들은 위정척사衛正斥邪를 주장했는데요. 200년 전의 관점에서 한발도 나가지 못했습니다.

김 선생　당시 위정척사를 주장하는 사람들은 서양을 오랑캐로 간주하고, 서양 문명을 배척했습니다. 공자는 가장 지혜로운 사람과 가장 어리석은 사람만이 자기 생각을 바꾸지 않는다고 했습니다. 위정척사파는 공자의 말을 알고 있었을 거예요. 자신들을 가장 지혜로운 사람이라 생각했을지, 어리석은 사람이라 생각했을지 궁금합니다.

　1876년 1월에 노론의 김평묵은 서양과 조약이 성립되면 갑술환국과 이인좌의 봉기 때 죽은 남인의 후손들이 서인을 섬멸할 것이라고 주장했습니다. 그러면 이이와 송시열이 문묘에서 내쳐지고, 윤휴의 귀신이 대종사가 될 것이며, 주자의 학설을 아무도 외우지 않을지도 모른다고 걱정했습니다. 그래서 나라의 존망은 오히려 작은 것이라고 주장한 이항로의 말을 받들어야 한다고 했지요. 이들에게는 주자와 송시열이 국가보다 중요했던 것입니다.

　그렇다고 노론만 위정척사는 아니었습니다. 중앙정계에서는 밀려났지만, 영남 지역에 기반을 두고 있던 남인 사대부에도 위정척사는 많았습니다.

지혜　한국사를 공부하는 사람이라면 '역사를 잊은 민족에게 미래는 없다'라는 말을 들어봤을 겁니다. 그런데 역사의 망각 못지않게 역사의식의 과잉도 문제입니다.

시간이 지나고 상황이 바뀌면 과거 역사를 붙들고 있으면 안 되죠. 그런데 조선 사대부들은 200년 전 역사에 매몰되어 명나라 숭정제의 제사를 모시면서, 세상을 서인과 남인의 대립 구도로만 보았습니다. 조선은 세계 어느 나라보다 역사 기록에 철저했고, 역사 공부를 많이 했던 나라입니다. 그러다 보니 비생산적인 역사 전쟁도 잦았습니다. 차라리 '과거사에 매몰된 민족에게 미래는 없다'라는 말이 더 적합해 보입니다.

김 선생   그렇죠. 서인과 남인의 역사 전쟁은 말할 것도 없고, 같은 남인 내에서도 서열을 놓고 수백 년간 싸우기도 했습니다. 영남의 호계서원은 퇴계 이황을 모시는 서원이었는데요. 이황의 제자 중에 관직이 높았던 류성룡의 위패가 이황의 왼쪽이냐, 연장자인 김성일의 위패가 이황의 왼쪽이냐를 놓고 오랫동안 문중 싸움이 벌어졌지요. 다른 가문까지 가세해서 영남 사대부 전체가 이 문제에 매달렸습니다. 결국 대원군이 서원 철폐령을 내리면서 부질없는 대립이 일단락되었습니다.

4. 갑오년,
누가 그들을 죽였는가?

지혜　　　막상 류성룡과 김성일이 그 논쟁을 들었다면 서로 윗자리에 앉으라며 양보했을 겁니다. 절대자를 만들어 추앙하거나, 조상의 권위를 내세우는 행위도 결국 현재 자기 집단의 이익을 위한 것 같습니다.

　그렇게 사대부들이 과거사에 매여 있을 때, 세상은 빠르게 변했습니다. 1876년 강화도 조약이 맺어져 조선은 개항합니다. 자급자족 농경 위주의 사회에서 시장경제 산업사회로의 이행이 본격적으로 시작된 것입니다. 하지만 조선의 기초 경제력은 너무 약했고, 외국 상품은 국내 시장을 잠식했습니다. 그 와중에도 정부의 부정부패는 더 심해졌습니다. 그 결과 군인들이 1882년에 임오군란壬午軍亂을 일으키네요.

김 선생　　　고위 관료에서 고종비*의 친정인 여흥민씨가 차지하는 비중은 대원군 때보다 두 배가 늘었습니다. 이 시기를 여흥민씨 세도정치 시대라 보는 사람도 있습니다. 민씨 일가는 관직을 팔고 뇌물을 챙겼습니다. 일본군을 본떠 창설한 신식군인의 대우는 좋았던 반면 구식군인들은 급료조차 1년 넘게 밀렸습니다. 오랜만에 지급된 쌀도 모래와 겨가 섞인 불량품이었습니다. 결국 분노가 폭발한 구식군인들이 민씨 일가와 일본인을 습격합니다. 백성들이 합세했고, 군인들은 고종비를 표적으로 삼고 궁궐까지 공격합니다. 군인이 왕후를 죽이려 드는 조선 역사상 초유의 사태가 벌어진 것입니다. 고종비는 지방으로 도피해 목숨을 건졌고, 군란은 청나라가 군대를 파견해서 진압합니다.

지혜　　　같은 사람은 아니지만, 1871년 신미양요 때는 충성을 다했던 조선 군인이 불과 11년 후에는 궁궐을 공격했다는 점은 시사하는 바가 큽니다. 대원군 이후 정부가 민생에서 역행하고 있었다고 봐야겠죠. 한편 외국 군대가 서울에 진입한 것도 주권국가의 위상에 치명적이고요.

　이 위기 상황에서 국난 극복의 방향은 온건 개화와 급진 개화로 갈

---

*　고종비의 호칭은 대립이 심하다. 명성황후는 사후에 추존된 명칭이므로 부적합하다는 의견이 있다. 명성황후로 부르려면 같은 논리로 대원군은 대원왕이고, 사도세자는 장조라고 불러야 하기 때문이다. 하지만 문종비처럼 세자빈일 때 사망해 왕후가 된 적 없는데도 현덕왕후가 일반적 호칭이 된 사례도 있다. 다른 사람과 달리 고종비만 유독 호칭 논쟁이 심한 것은 그녀에 대한 평가가 워낙 극명하기 때문이기도 하다. 여기서는 중립적으로 고종비로 서술하였다.

렸습니다. 주도권은 온건 개화파가 잡았고, 이에 맞서 김옥균, 박영효, 서재필 등 급진 개화파가 1884년에 갑신정변甲申政變을 일으키죠.

김 선생　　　온건 개화파가 외교에서 친청 노선이었다면, 급진 개화파는 친일본이었지요. 온건 개화파는 동양의 정신은 지키면서 서양의 기술을 수입하자는 동도서기東道西器를 주장했습니다. 중국의 중체서용, 일본의 화혼양재와 같은 맥락입니다. 반면 급진 개화파는 입헌군주제 등 급진적 정책을 생각했습니다. 그들은 기습 쿠데타로 반대파를 살해한 후 권력을 장악합니다. 하지만 청나라 병력이 출동하자 외국으로 도피하면서 3일 천하로 끝나고 말지요. 갑신정변 실패 이후 조선은 더욱 외세의 간섭에 시달립니다.

후일 청나라에서도 비슷한 사건이 생깁니다. 무술개혁이라고도 하는 변법자강운동인데요. 캉유웨이康有爲 등이 입헌군주제를 추진했다가 서태후와 위안스카이袁世凱 등 수구파의 반격을 받아 역시 100일 천하로 끝나네요. 조선과 청나라의 역사는 대충 비슷하게 돌아갑니다. 태평천국과 동학농민혁명, 갑신정변과 무술개혁이 나름 일치하는 부분이 있습니다. 후일 벌어진 고종의 광무개혁과 청나라의 광서신정도 비슷하고요.

지혜　　　갑신정변을 주도한 사람들은 명문 노론 집안에서 고위층으로 출세 가도를 달리던 인물들이었습니다. 개인의 영달이 목적은 아니었지요. 하지만 급진 개화파는 성급한 판단으로 본인들의 운명과 조선의 앞날을 그르쳤습니다. 의욕만 있었을 뿐, 백성의 지지를 얻을 생각을 하지 못했습니다. 일본이 도와줄 것이라고 낙관적으로 생각하여 의존했습니다. 위정척사파는 제쳐놓고 온건 개화파조차 포용하지 못한 독선도 문제였습니다. 갑신정변 이후 역사를 계속 살펴보지요.

김 선생　　1884년 갑신정변 이후부터 1894년까지 조선은 근대화 과정을 밟아갑니다. 외국과 수교를 하고 기독교를 허용했으며 서양 선교사의 학교와 병원을 설립합니다. 서양 기술도 도입해서 전기를 이용하지요. 하지만 시스템의 변화에는 이르지 못했습니다. 고종과 고위 관료층은 관직을 매매했고, 여기서 챙긴 돈으로 유럽의 사치품을 사들였습니다. 고종비는 무당에게 빠져 굿을 하는 데 나라 살림을 탕진했습니다. 관직을 돈으로 산 탐관오리는 바친 돈 이상을 뽑기 위해서 백성을 쥐어짰습니다. 세금은 늘어났고, 백성은 대원군 시절보다 더 가난해졌습니다. 이 시기를 조선의 '잃어버린 마지막 10년'으로 보는 견해도 있습니다.

　시스템의 변화는 1894년에 일본의 입김 하에서 비로소 이루어집니다. 바로 갑오개혁입니다. 정치 체제를 개편했고, 과거제가 폐지되었습니다. 화폐 제도와 도량형이 정비되었고요. 연좌제가 없어지고 사노비가 공식적으로 해방되었습니다. 하지만 때늦은 감이 있습니다. 일본의 간섭 아래 이루어졌기에 국방은 조금도 개선되지 못했습니다. 사실 이때 조선은 이미 자주국가로서의 위상을 거의 상실한 후였습니다.

지혜   갑오개혁이 일어난 그해, 청일전쟁과 동학농민혁명도 같이 일어나지요. 먼저 동학농민혁명을 살펴보겠습니다.

김 선생   그즈음 기후 여건이 좋지 않았습니다. 오랜 흉년이 계속되어 농민의 삶은 극도로 피폐했습니다. 그 와중에도 탐관오리들은 수탈을 일삼았으니 원성이 극에 달했지요. 결국 전라도 고부에서 군수 조병갑의 과도한 착취에 항의하는 농민들이 동학 조직을 중심으로 봉기합니다. 그 횃불은 순식간에 전국으로 번졌습니다.

동학군은 호남 지방을 장악하고 정부에 폐단 시정 약속을 받아냈습니다. 하지만 동학군이 민씨 세력 척결과 대원군 옹립을 추진한다고 생각한 고종 부부는 철저한 진압을 위해 청나라 군대를 끌어들였습니다. 일본군도 같이 들어왔고, 청일 전쟁이 발발합니다. 동학군은 외세에 빌미를 주지 않기 위해 잠시 해산하고 집강소를 통한 민생 안정에 주력하지요.

하지만 일본의 내정 간섭이 심해지자 동학군은 다시 궐기해서 서울을 향해 북진했습니다. 그러나 일본군의 지원을 받은 관군에게 공주 우금치에서 대패하지요. 전봉준을 비롯한 농민군 지도자들은 체포되어 장렬한 최후를 맞습니다. 반면 봉기의 원인을 제공했던 조병갑은 잠시 귀양 갔다가 불과 1년 2개월 후 고종에 의해 사면됩니다. 게다가 1898년에는 고등재판소 판사로 임명되어 동학 교주 최시형에게 사형 판결을 내리는 어처구니없는 일이 벌어집니다.

지혜　　　민중은 나라를 살리고자 목숨 걸고 일어났는데 왕은 일본의 힘을 빌려 민중에게 총을 쏘았습니다. 민중봉기를 외세의 힘을 빌려 진압한 정부는 더 이상 존재 의미가 없습니다. 그렇다고 그때 동학군으로서는 공식적으로 왕정 타도를 천명할 수도 없는 노릇이었습니다. 국론이 더 분열되는 결과를 초래하니까요. '진리는 때로 없을 수도 있다'라는 말이 있습니다. 바로 조선 말기의 상황이 그러했습니다.

　　그런데 안중근 의사가 동학군을 적대시했다는 말이 있는데 어떻게 된 것인지요?

김 선생　　　안중근의 부친은 온건 개혁 성향의 지역 유지였습니다. 명사수였던 안중근은 부친의 뜻에 따라 동학군 진압에 공을 세우지요. 이후 이토 히로부미를 저격하고 감옥에서 『동양평화론』을 저술할 때도 동학을 도둑으로 표현했습니다.

　　그러나 이것은 동학농민혁명 전체를 비판한 것이 아니라 동학 내의 일부 부류를 지칭한 것으로 봐야 합니다.* 모든 민중봉기가 그렇듯이 동학군도 통일된 이념과 완벽한 조직을 갖추지는 못했습니다.

---

* 　안중근 집안은 동학군을 진압했지만, 동학군이었던 김구를 숨겨주었다. 후일 안중근의 조카가 김구의 큰며느리가 되었다.

동학군 내부에는 유교적 근왕주의부터, 조선 왕조 멸망을 외친 사람까지 목표도 다양했고요. 동학군을 표방하고 물의를 일으키고 다니는 도둑 무리도 있었습니다. 잘 조직된 군대도 전쟁 상황에서 지휘관의 명령을 듣지 않고 약탈과 강간을 저지르는 경우가 허다하게 발생합니다. 하물며 지휘 체계가 약한 민중봉기는 말할 것도 없지요.

이것은 동서양의 모든 봉기와 혁명이 마찬가지입니다. 봉기와 혁명에 참여한 사람 중에는 큰 뜻을 품은 사람만 있는 것은 아닙니다. 분위기를 타고 가담한 사람도 있고, 혼란 상황을 틈타 사익을 취하려는 사람도 있습니다. 동학군에도 그런 사람이 없지는 않았겠지만, 전체적으로 동학군은 역사 속의 다른 농민군보다 훨씬 도덕적이었습니다. 프랑스 혁명정부가 방데 대학살을 저지른 것이나, 중국의 태평천국운동이 지도층의 극심한 부패와 내분으로 실패한 것과 비교되는 부분이지요.

지혜　　　혁명을 외친 사람이 모두 정의로운 것은 아닙니다. 혁명 전선에 참여한 사람이라면 더욱 자기검열을 할 필요가 있습니다. 자신이 주장하는 혁명 이념에 맞는 도덕성을 함양하지 않으면 오히려 혁명을 모독하고 망치는 암적 존재가 되지요. 안중근은 동학 내의 그런 무리를 비판한 것으로 생각합니다. 동학혁명 내부의 부도덕한 세력은 양반들이 동학을 도적떼로 간주할 명분이 되었습니다.

김 선생　　　그렇죠. 이때 양반 세력은 자체적으로 민보군을 조직해서 동학군과 싸웠습니다. 노론도, 남인도 일본군보다 동학군을 더 적대시했습니다. 동학농민혁명은 반봉건 반외세를 동시에 내세웠는데요. 기득권을 쥔 양반 세력은 나라가 망하는 것을 선택할지언정 반봉건 사회를 원치 않았기 때문입니다.

명청 교체기 때 노비들이 반란을 일으켜 주인을 죽인 사건이 많았습니다. 그러자 명나라 지배층은 청나라에 항복해서 특혜를 누리며 사는 것을 택했습니다. 조선의 양반 계급 중에서도 다수는 그랬습니다. 빼앗기지 않으려는 자들이 만든 민보군은 명령에 따라 움직이는 관군과 일본군보다 더 동학군에게 잔인한 존재였습니다. 중국 태평천국의 붕괴도 한족 기득권층이 만든 군대인 향용의 진압이 결정적인 역할을 했지요.

기득권 때문이 아니라 신념에 따라서 동학을 반대한 사람도 있었습니다. 동학군 지도자 김개남은 임병찬의 밀고로 체포되어 사형 판결을 받습니다. 그런데 임병찬은 국가를 위해 했을 뿐이라며 정부의 포상을 거부합니다. 그는 후일 의병장을 거쳐 독립운동에 투신하지요. 애국의 방식이 달라서 낳은 비극이었습니다.

지혜   역사를 이분법으로 보기 어려운 이유네요.

김 선생   신채호는 역사를 아我와 비아非我의 투쟁으로 보았습니다. 이 말은 내 편과 적 편의 이분법으로 봐야 한다는 의미가 아닙니다. 신채호는 아 속에도 아와 비아가 있고, 비아 속에도 아와 비아가 있다고 봤습니다. 아의 주관성을 강조한 것이지요. 그래서 역사가 어려운 것인지도 모르겠습니다.

지혜   다시 1894년으로 돌아가겠습니다. 이번에는 청일전쟁과 그 결과까지 보겠습니다.

김 선생   갑신정변이 일어났던 1884년에 청나라와 일본은 이후 조선에 출병할 때는 서로 통보하기로 했습니다. 동학농민혁명이 발발하자 고종은 청나라에 군대 파병을 요청했고, 이에 일본도 같이 파병합니다. 동학농민군은 외국군의 출병 구실을 주지 않기 위해 노력했으나 일본은 이를 기회로 청나라와 전쟁을 치를 계획이었습니다. 결국 일본의 기습으로 청일 전쟁이 발발하지요.

　청나라는 양무운동으로 군대를 키웠으나 시스템이 낙후되어 있었습니다. 일본을 압도하는 대형 군함은 있었으나, 배에 실을 포탄이 없었습니다. 해군 예산을 서태후가 별장인 이화원을 짓는 데 전용했기 때문입니다. 이화원에 거대한 인공호수를 만들면서 해군 훈련을 시킨다는 핑계를 댔습니다. 병사들은 싸울 의지가 부족했고, 지휘관은 무능했습니다. 반면 일본은 잘 조직된 군대를 보유하고 있었습니다. 결국 전쟁은 일본군의 일방적 승리로 끝났습니다.

　이때 전쟁터가 된 조선은 무기력했습니다. 외교는 물론이고, 내부 통일조차 되지 않아서 대원군을 지지하는 평양 주둔 군대는 청나라 편으로, 고종의 명을 받은 서울 주둔 군대는 일본 편으로 싸웠습니다. 전쟁터가 된 지역 주민들은 피해를 고스란히 감당해야 했습니다.

전쟁 결과 일본과 청나라는 시모노세키 조약을 체결합니다. 일본은 막대한 배상금과 랴오둥 반도와 타이완을 받기로 하지요. 배상금은 2억 냥이었는데, 이는 일본 4년 치 예산에 달하는 금액이었습니다. 일본은 이 금액을 거의 군비 확장에 재투자합니다.

그러자 랴오둥 반도를 일본이 점령하는 것에 러시아가 반발하여 프랑스, 독일과 함께 압력을 행사합니다. 일본은 굴복했고, 러시아가 만주에서 영향력을 확대합니다. 러시아는 랴오둥 반도의 다롄, 뤼순 일대를 점령해 군항으로 이용하지요. 일본에서는 반러시아 정서가 확산하고요.

고종 부부는 러시아의 힘에 주목해서 친러 정책을 추진합니다. 외교에서 불리해진 일본은 고종비를 암살하는 을미사변乙未事變을 일으킵니다. 고종비 암살 계획을 대원군도 인지하고 있었다는 설이 유력합니다. 하나로 뭉쳐야 할 역량이 이번에도 대립하면서 소진되었던 것입니다.

지혜 이 당시 고종비에 대한 백성의 여론은 극도로 부정적이었습니다. 그런데 일본에 암살되면서 후일 고종비는 일제에 맞선 영웅으로 주목받지요. 일본 암살범들이 아무 처벌을 받지 않은 것도 민족 감정에 불을 지르는 일이었습니다. 더구나 단발령이 시행되어 위정척사 세력의 분노는 극에 달했습니다. 결국 을미의병이 일어나지만 실패합니다.

김 선생　　고종은 신변의 위협을 느껴 러시아 공사관으로 피신하는 아관파천俄館播遷을 선택합니다. 조정은 친러파가 장악하지요. 갑오개혁을 주도했던 김홍집은 분노한 군중에게 살해됩니다. 1년 후 돌아온 고종은 과감한 개혁을 시도합니다. 광무개혁이지요. 군대를 새로 창설하고, 지방 행정구역을 개편했으며, 교육 제도와 토지 제도를 정비했습니다. 전등을 설치하고 전화를 개통하고 전차도 운행합니다. 외국인도 놀랄 정도의 빠른 개혁이었기에, 고종을 개혁군주로 보는 평가도 있습니다.

　하지만 가장 중요한 화폐 개혁은 실패했습니다. 정치 체제는 오히려 역행했습니다. 고종은 조선의 명칭을 대한제국으로 개칭하고 황제임을 선언합니다. 대한제국은 불변의 전제정치를 선언하고 모든 권력이 황제에게 있음을 법으로 명시했습니다. 이때 고종의 목표는 군주권 강화였습니다. 그런데 군주권 강화를 통해 탐관오리를 제거하고 백성을 배부르게 먹이려는 생각이 아니었습니다. 대한제국이 본인의 재산임을 확인하고 마음대로 하겠다는 것이었습니다. 외국은 무력한 조선이 황제국을 칭한 것에 냉소의 반응을 보였습니다.

지혜　　국가의 멸망 원인은 외부 침공과 내부 붕괴가 있습니다. 내부 붕괴의 주된 원인은 무능한 정치, 기후 악화로 인한 농업 몰락, 화폐 시스템 파탄으로 인한 상공업 몰락 등입니다. 조선은 멸망 요건을 다 갖추었습니다. 조선을 비판하는 것이, 일제가 잡아먹어도 된다는 의미는 결코 아닙니다. 전쟁에서 패배한 원인을 알아야 다음

전쟁에서 승리할 수 있듯이, 멸망의 원인을 찾아야만 같은 역사를 반복하지 않습니다. 조선은 19세기에 내부에서 붕괴했습니다. 그 결과 일본의 침략에 제대로 대응하지 못하고 20세기에 식민지가 되었습니다.

조선의 마지막이 어떠했는지 보도록 하겠습니다.

VII

결말

20세기,
누가 책임을
졌는가?

1. 누가 나라를
팔았는가?

지혜　　　　20세기 한반도의 군주는 고종(1863-1907)과 순종(1907-1910)입니다. 대한제국 황제라고 부르기에는 일반적인 황제의 정의에 맞지 않기에 그냥 조선의 26대, 27대 왕이라고 부르기도 합니다. 국가 명칭도 대한제국으로 부르는 것이 합당한지 그대로 조선으로 불러도 무방한지 논란은 있습니다만, 여기서는 '편의상' 조선을 사용하겠습니다.* 20세기에 조선은 어떻게 망했는지 살펴보겠습니다.

김 선생　　　1904년에 일본의 기습으로 러일전쟁이 벌어집니다. 일

---

* 고구려와 백제가 국호를 고려와 남부여로 바꾸었지만 국가정체성에는 변화가 없으므로 학자도 대중도 계속 고구려, 백제라고 한다. 이성계가 즉위할 때는 고려였고, 조선이란 명칭은 그 후에 정해졌지만 이성계를 고려의 마지막 왕이라고 하지는 않는다. 왕조의 시작과 끝은 그 정체성으로 봐야 하기 때문이다. 마찬가지 논리로 대한제국으로 명칭은 바뀌었지만, 크게 달라진 것은 없기 때문에 조선으로 해도 무방하다.

본은 세계의 예상을 뒤엎고 러시아의 발트 함대를 궤멸시키며 승리했습니다. 일본은 영국과 미국의 군비 지원을 받았고, 러시아 내부의 반전 분위기를 통해 승리를 얻어낼 수 있었습니다. 인도의 네루는 유럽에 대한 아시아의 승리라고 기뻐했으나, 일본의 승리는 조선이 일본에 점령된다는 것을 의미했습니다. 일본은 2차 영일동맹과 가스라-태프트 밀약을 통해 영국과 미국에 한반도 지배를 승인받았습니다. 이어 일본은 1905년에 을사조약을 강제로 맺어 외교권을 박탈하였습니다.

지혜　　　이 시대를 얘기할 때 주로 의병 활동을 비롯한 조선의 저항에 초점을 맞춥니다. 우리 내부의 문제를 지적하는 것은 일제를 이롭게 한다는 이유로 자제하는 분위기입니다. 하지만 조선 왕실이 부패하고 무책임했다는 것과, 일본이 점령해도 된다는 것은 별개의 사안입니다. 나라가 망할 때 조선 왕실은 어떤 자세를 보였는지요?

김 선생　　　왕실의 행보는 아쉬운 점이 많습니다. 조선은 1903년 1월에 화물선을 개조한 군함 양무호의 인수 계약을 일본과 체결합니다. 그해 군사 예산의 4분의 1이 넘게 투입된 배였는데 배의 용도는 고종 즉위 40주년 기념식을 위한 의전이었습니다. 배에 실린 포탄은 축하용 예포탄이었고, 서양식 화려한 선실과 고급 식기가 배의 계약 조건이었습니다. 양무호는 6년간 항구에만 있다가 구입가의 대략 4% 가격으로 재매각되었습니다. 양무호 구입을 비롯해서 고종 즉위 40주년 기념식에 쓴 총액은 조선 1년 예산의 대략 7분의 1에 달했습니다. 그해뿐 아니라 대한제국 선포부터 6년간 왕실이 쓴 예산의 합이 정부 1년 예산과 비슷했습니다. 정부 세출의 97% 이상이 정부 자체의 유지에 사용되었고 백성을 위한 예산은 2%를 겨우 넘었습니다.

고종은 서울의 궁궐을 증·개축하고, 평양에도 새로운 궁전 건설을 시작했습니다. 이때 고종은 서경으로 천도하고 미국의 지원을 얻어 대륙 진출을 하겠다는 망상을 가졌습니다. 하지만 러일전쟁이 벌어지자 고종은 궁궐 건축을 중단하고 미국 대사관으로 파천을 시도하지요. 고종은 재임 기간에 미국, 영국, 프랑스, 러시아 4개국에 7번의 파천을 시도할 정도로 외세 의존적인 모습을 보였습니다. 특히 미국을 믿었고, 미국이 조선을 지켜줄 것으로 기대했습니다. 하지만 미국은 이미 가스라-태프트 조약을 체결해서 일본을 지지한 상태였지요. 고종은 그것도 모르고 미국 대통령의 딸 앨리스가 유람 왔을 때 극진히 대접했으나 아무 효과도 없었습니다.

고종은 을사조약에 도장을 찍지 않았습니다. 고종은 순금 도장 구입에 4만5000원을 썼는데, 그해 전체 세출이 419만 원이었습니다. 그중 52만 원은 국채였고요. 값비싼 도장을 망국으로 가는 조약에 찍지 않은 것이 그나마 다행이랄까요.

지혜　　　고종은 사태 파악을 전혀 하지 못했던 거죠. 을사조약에 반대하는 민중의 분노가 들끓었고, 뒤늦게 상황을 인지한 고종이 국가를 위해 마지막으로 시도했던 것이 헤이그 특사 파견입니다. 네덜란드 헤이그에서 열리는 만국평화회의에 특사를 보냈으나, 안타깝게도 실패하네요.

김 선생　특사들은 일본의 방해로 만국평화회의에 입장하지 못했습니다. 조선에 관심 있던 영국, 미국, 러시아는 이미 일본의 침략을 승인한 상태였습니다. 독일과 오스트리아는 일본의 동맹국인 영국과 대립하고 있었으나, 유럽 내의 문제에 집중했기에 조선에는 관심이 별로 없었습니다. 아시아에서 중국, 이란, 오스만 제국은 외세의 간섭에 시달렸고, 태국은 영토를 떼어주며 독립을 유지했습니다. 일본만이 열강의 반열에 끼어 있었습니다. 조선을 편들어줄 나라는 하나도 없었던 것이지요.

특사들은 기자 회견을 통해 조선의 위기를 호소했습니다. 기자들은 조선에 우호적이었으나, 그 당시의 국제사회는 힘이 지배하는 세상이었습니다. 조선은 친청, 친일, 친러를 오가는 외교를 했으나 결국 제국주의 시대에 가장 중요한 것은 자국의 힘이었죠.

고종은 헤이그 특사 파견을 이유로 일제에 강제로 퇴위당합니다. 아들 순종이 즉위했지만 무기력했을 뿐입니다. 일제의 압박을 받은 순종은 특사들을 궐석재판에 회부한 후 이상설에게 교수형을, 이준과 이위종에게 종신형을 선고합니다. 이준은 헤이그에서 사망했고, 이상설과 이위종은 항일투쟁에 나서지요.

지혜　　　을사조약이 체결될 때, 군인과 재야 사대부들은 어떤 모습을 보였는지요. 정규군이 하루도 싸우지 못하고 외국에 망한 나라는 조선이 유일하다는 혹평도 있던데요.

김 선생　　　을사조약 때 매국 도장을 찍은 을사오적도 존재했지만, 자결로 항의한 사람도 있었습니다. 국가를 지켜야 할 군대에서도 대대장 박승환이 자결했고, 그의 부대원들은 일본군과 총격전을 벌였습니다. 압도적 무력 차이로 반나절 만에 무너졌지만 병사의 상당수는 의병에 참가해서 그해 11월에 서울 진공작전에 나섭니다. 서울 진공작전이 실패로 돌아가자 이들은 만주로 이동해 독립군에 가담합니다. 출병을 명하지 않은 매국 관료에 대한 비판은 타당하지만, 병사들은 비겁하지 않았습니다.

　　벼슬을 하던 고위 관료들이 추한 모습을 보였을 때, 재야의 위정척사 세력은 의병 활동에 나섰습니다. 최익현은 호남에서 의병을 일으켰는데, 국왕이 보낸 정부군과 싸울 수 없다는 이유로 의병을 해산합니다. 대원군의 서원 철폐에 항의하고 동학을 적대시했으며 단발령에 반대했던 수구의 아이콘이었지만, 지조를 지켜 마지막은 조국을 위해 바쳤습니다. 동학 지도자 김개남을 밀고했던 임병찬도 최익현과 함께 일본에 잡혀갔다가 풀려난 후에 국채보상운동에 참여했고 일제 강점기 때 순국했지요. 이인영, 허위 등은 13도 창의군을 이끌고 서울로 진격했지만, 역시 실패합니다.

지혜　　　이때 이인영이 아버지의 사망 소식을 듣고 장례를 치르고자 지휘관 자리를 내려놓고 귀향해버렸죠. 이인영이 귀향하지 않았어도 어차피 이기긴 불가능했죠. 다만 직책보다 아버지 장례를 더 중요하게 여긴 것은 유학자의 한계라는 평가가 있습니다. 평민 출신이라는 이유로 의병장 신돌석을 서울 진공작전에서 제외한 것도 아쉬운 장면입니다.

김 선생　　　의병장 류인석의 묘에는 '명나라 제후국인 조선의 의암 류선생 묘'라고 적혀 있습니다. 그는 '개화는 매국이고 평등하면 질서가 없으며 자유가 퍼지면 다투게 된다'는 이유로 평등과 자유 사상을 부정한 사람이었습니다. 류인석은 을미의병 때 평민 의병장 김백선을 참수했는데, 규율 유지를 위해 어쩔 수 없었다는 기록도 있지만, 평민이 의병장을 맡은 것에 분노했다는 설도 있습니다. 위정척사세력은 양심은 있었으되, 구시대의 가치관을 깨뜨리지 못했습니다.

　하지만 양반 계급 중에서 신분을 해방시키는 현실을 적극적으로 수용한 사람도 있었습니다. 김좌진은 집안 노비들을 모아놓고 노비 문서를 불살라 해방시킵니다. 이후 그는 만주로 망명해 독립군 활동을 하지요. 안중근도 재산을 털어 교육 활동을 하다가 의병 활동에 가담했고, 이토 히로부미를 사살하지요.

　양심과 용기를 가진 관료 집안도 없지 않았습니다. 500년 역사의 마지막을 부끄럽지 않게 했던 이는 이회영 일가였습니다. 고위직을 역임하며 조선에서 열 손가락 안에 꼽힐 만큼 부유한 가문이었던 이회영 일가는 전 재산을 팔아 독립운동에 투신하지요. 지금 가치로 환산하면 적어도 수백억 원이고 많게는 조 단위로 추정되는 재산을 가졌던 집안 형제들은 감옥에서 죽고, 굶어서 죽었습니다.

지혜　　　이회영 가문이 있었기에 조선이 부끄럽지 않습니다. 헤이그에 특사가 파견되었던 1907년에 조선 민중의 저항 운동인 국채보상운동이 일어났는데요.

김 선생　　　고종은 대한제국 수립 후에 철도 부설권, 금광 채굴권 등을 외국에 계속 넘기고, 그 일정 지분을 본인이 받았습니다. 고종이 넘긴 운산금광만 해도 당시 동양 최대의 금광으로 거기서 나온 누적 순익은 국가 부채의 몇 배였습니다. 그런 노다지를 헐값에 외국에 넘겨준 것입니다. 그리고 사치를 부렸고요. 그 빚 감당은 민중의 몫이었습니다.

국가가 빚지는 데 아무 책임이 없는 하층민이 가장 적극적으로 참여했습니다. 특히 여성의 참여가 높아서 비녀와 가락지가 많이 모였습니다. 심지어 도적들까지도 국채보상에 참여할 정도였습니다. 프랑스가 보불전쟁에서 패한 후 전쟁 배상금을 국민운동을 통해 갚았는데, 그보다 더한 열정이었습니다. 하지만 국채보상운동은 유감스럽게도 망국을 막는 데는 아무 영향력이 없었습니다. 이때 지배층은 수입한 값비싼 와인을 마시고 있었습니다.

국채보상운동은 후일 1997년 외환위기를 맞았을 때 금 모으기 운동으로 이어집니다. 국가 부채가 컸기에 모인 금의 가격은 한국이 진 빚의 10%도 되지 않았지만, 그래도 국민 열기는 대단했지요. 하지만 그때 지도층이라는 국회의원들의 평균 모금액은 국민 평균보다 적었지요. 금 수출 업무를 맡은 재벌그룹은 금을 해외에서 도로 수입해서 파는 변칙 거래를 통해 2조 원 대의 세금을 포탈하는 이익을 누렸습니다. 결과적으로 국부는 축나고 재벌만 살찌는 운동이 되고 말았습니다. 항상 잘못은 위에서 하고, 뒷감당은 가난한 하층민이 하는 모순이 이어졌던 사례입니다.

지혜　　　조선의 민중은 참 착했네요. 왕과 관료들이 유교 이념을 진작 버렸어도, 막상 착취당하던 그들은 국가를 마지막까지 챙겼습니다. 그런데 당시 조선을 찾았던 외국인들은 조선 민중에 대해 부정적이었다는데요.

김 선생　　　러일전쟁 전후로 조선을 찾았던 서양인들의 눈을 통해 당시 민중의 모습을 보도록 하겠습니다. 서양인이 조선을 보는 시각은 자민족 중심주의에 근거한 우월감이 있다는 사실도 고려해야 합니다.

　오스트리아 출신 여행가 헤세 바르텍Hesse-Wartegg의 눈에 비친 조선 민중의 삶은 동남아보다 낙후되어 보였습니다. 그럼에도 조선 남성은 노름에만 빠져 있고, 열심히 일하지 않았습니다. 열심히 일해도 다 빼앗기기 때문이었습니다. 헤세 바르텍은 조선의 장점도 찾았는

데, 범죄율이 낮으며 후진국으로는 이례적으로 교육열이 높다는 것
이었습니다. 그의 결론은 조선인의 본성은 훌륭한데, 발전할 수 있는
모든 가능성을 정부가 막고 있다는 것이었습니다.

러일전쟁 때 종군기자이자 작가인 잭 런던Jack London은 조선인을
미개하며 죽이고 싶은 민족이라고 폄하했습니다. 그의 글은 여러 신
문과 잡지에 실리면서 조선에 대한 부정적 이미지를 확산하는 데 한
몫했습니다. 잭 런던은 당시 작가 중에 친노동자 성향이 가장 강했
고, 자유로운 사고방식을 가진 작가였지만 조선인에 대한 평가는 냉
정했습니다.

19세기 말에 조선을 방문했던 이사벨라 버드 비숍Isabella Bird
Bishop 역시 저서에서 조선인을 위생 관념이 없는 열등한 민족이라
고 평했습니다. 하지만 이사벨라 버드 비숍은 시베리아와 만주로 이
주한 조선인의 근면한 모습도 보았습니다. 그래서 조선에는 착취하
는 사람과 착취당하는 사람의 두 계급이 존재하며, 조선인의 노예근
성은 흡혈귀 같은 정부 관료 때문이라고 지적했습니다.

독일 신부 노르베르트 베버Norbert Weber는 안중근의 유족을 찾는
등, 조선인에게 애정을 품고 있었습니다. 그런데 조선인을 죽음으로
내몰았던 지배층에는 '조선 민중은 조선인 지배층보다 다른 나라 지
배를 받는 것이 더 행복할지도 모른다'는 생각까지 할 정도로 부정적
인 평가를 했습니다.

19세기 말의 오페르트와 존 로스가 본 조선의 모습도 비슷했습니
다. 물론 이런 서양인들의 평가에 이견도 있습니다. 이들의 조국도

백여 년 전에는 조선과 크게 다르지 않을 정도로 낙후되었고요. 당시 최상위 몇몇 국가를 뺀 대부분의 사정은 비슷했다는 것이죠. 강대국에 합류한 일본조차 미국인의 눈에는 미개하고 게으르며 시간 관념이 없는 민족으로 비춰졌습니다.

지혜   몇 달 체류한 외국인들도 핵심을 정확히 봤네요.

김 선생   민중이 아니라 당시의 지배층과 정치가 문제였다는 것은 확실해 보입니다. 동학농민혁명이 강제로 진압된 후에 농민들은 희망이 없는 무력한 삶을 보냈습니다. 정부가 믿음을 준다면 신미양요 때처럼 신식 총을 쏘는 적군을 상대로 맨주먹으로 싸우는 것이 이 땅의 민중인데, 정부는 그런 민중을 철저히 배신했습니다.

지혜   이제 1910년 8월로 가보겠습니다. 500여 년을 이어온 조선의 마지막 순간은 너무나 허망했네요.

2. 조선 망국은 왜
8월 29일에 발표되었나?

김 선생　　1910년 8월 29일에 조선은 사라집니다. 대부분의 고위 관료는 망국 조약에 찬성하면서 엄청난 부귀를 선물 받았습니다. 망국에 가장 큰 책임이 있는 조선 왕실은 이완용 내각에 수고했다며 훈장을 수여했습니다. 조선 전체의 관료 중에서 금산 군수 홍범식과 러시아 공사 이범진* 두 명만 자결로 항의했습니다. 이범진은 이완용과 함께 아관파천의 주역이었는데, 한 명은 친일로 변신해 매국을 주도했고, 한 명은 자결로 망국을 속죄했습니다.

　　사실 망국 조약은 8월 22일에 체결되었습니다. 일제가 조선 민중의 반발을 의식해서 발표 시일을 며칠 늦춘 것으로 알려져 있는데 실상은 다릅니다. 을사조약 이후 저항이 실패하면서 조선 민중은 체념한 후였고, 일제는 두려울 것이 없었습니다. 일제는 8월 25일에 발

---

*　이범진의 아들이 바로 헤이그 특사 이위종이고 홍범식의 아들이 소설가 홍명희다.

표 예정이었는데 조선 정부가 8월 29일로 늦추어 달라고 부탁했습니다. 이유는 28일에 대한제국 황제 즉위 4주년 축하 파티가 예정되어 있었기 때문입니다. 망국을 하루 앞둔 날에 달콤한 파티를 웃으면서 즐기는 관료들의 모습은 중국의 사상가 량치차오의 저서를 통해 온 세계에 알려졌습니다.

그 후에도 고종의 다섯째 아들 이강을 제외한 조선 왕실은 모두 일제에 순응하며 부귀를 누렸습니다. 고종의 딸 덕혜옹주도 영화로 알려진 것과는 달리 독립운동과 아무 관련이 없었습니다.

지혜　　　고종과 순종은 악덕 기업 CEO와 같은 느낌이 듭니다. 직원의 삶보다는 본인의 성과급이 먼저고, 회삿돈을 자기 돈으로 여기며, 회사가 경영난에 빠지자 노력은 했으되, 안 되니 적대적 인수 합병에 동의하면서 퇴직금 두둑하게 챙긴 것 같은 느낌이에요. 그들이 그렇게 받들어 모시던 명나라의 마지막과 너무 대조되는 부분입니다.

김 선생　　　그렇죠. 여기서 19세기 후반에서 20세기 초에 망했던 세계 주요 국가와 조선이 받들어 모셨던 중국 왕조의 마지막 모습을 살펴보겠습니다.

인도 무굴 제국의 마지막 황제는 바하두르 샤 2세였습니다. 그가 황제로 즉위했을 때, 무굴 제국의 직접 통치 영역은 수도 주변 조그마한 영토뿐이었습니다. 망국의 책임을 질 필요는 없었던 것이죠. 하지만 바하두르 샤 2세는 영국의 인도 지배에 저항하는 1차 독립전쟁이 일어났을 때 여든이 넘은 고령에도 불구하고 중심에 섭니다. 결국 포로가 되어 미얀마로 추방당했고, 아들과 손자는 영국군에게 살해당했습니다. 마지막이 애달팠기에, 현대 인도인은 도로와 학교에 그의 이름을 붙여 추모하고 있습니다.

인도의 황제가 미얀마로 추방될 때, 미얀마의 마지막 왕은 인도로 추방되었습니다. 미얀마 꼰바웅 왕조의 띠보Thibaw 왕은 영국의 침략에 맞서 싸웠다가 패전했지요. 영국군에 끌려가 인도의 자그마한 어촌인 라트나기리에서 30년 넘게 감금당했다가 사망합니다. 유해도 돌아오지 못했지요. 그 후 미얀마는 영국 식민 지배와 독재와 빈곤의 길을 걸었지만, 1990년부터 미얀마 정부는 만달레이 왕궁 등 옛 왕조의 자취를 복원하는 작업을 진행 중입니다.

반면 조국의 외면을 받은 황제도 있습니다. 세 살 때 청나라 황제로 올랐던 푸이는 망국에는 직접 책임이 없었습니다. 하지만 그는 일본의 사주를 받아 만주국의 꼭두각시 황제로 즉위했습니다. 그 결과 중국 민중의 믿음을 잃었고, 그는 우여곡절 끝에 마지막 생을 정원사로 마감했습니다. 베트남의 마지막 황제도 프랑스의 꼭두각시로 세월을 보냈습니다. 그 역시 베트남의 민심을 잃었고, 프랑스로 망명했다가 사망했습니다.

오랫동안 아시아, 아프리카, 유럽의 3대륙에 걸쳐 번영했던 오스만 제국의 마지막 황제도 불행했습니다. 오스만 제국은 1차 세계대전에 패해서 국가 분해의 위기에 놓였습니다. 이때 케말 파샤를 비롯한 국민이 터키 공화국을 세우고 영토의 상당 부분을 보존하지요.
마지막 황제 메흐메트 6세는 빈털터리로 몰타로 망명했다 사망했습
니다. 이후 황태자는 생존을 위해 고된 노동을 하며 전전했지요.

유럽의 마지막 황제들도 편하지 못했습니다. 러시아에서는 혁명
이 일어났고, 러시아 황제 가족은 모두 유배되었다가 총에 맞아 사
망했습니다. 유럽에서 가장 찬란했던 합스부르크 가문의 마지막 황
제는 오스트리아가 1차 세계대전에서 패하자 재산을 빼앗기고 포르
투갈로 추방되었습니다. 독일의 마지막 황제도 전쟁에서 패하자 네
덜란드로 도망쳤고 독일 땅을 다시는 밟지 못했습니다.

성리학 국가였던 조선이 망국 과정에서 참고했어야 할 나라는 송
나라와 명나라겠지요. 반란군이 궁전을 포위하자 황후가 먼저 자결
했고 명나라 마지막 황제 숭정제는 후궁들을 죽인 후에 자신도 직접
나무에 목을 매었습니다. 청나라가 기록한 명사明史에 따르면 황제가
옷깃에 쓴 유서의 마지막 문장은 '역적은 (내 시체를) 찢는 것은 마음
대로 하되, 백성은 한 명도 다치게 하지 말라'였습니다.

송나라는 세계 최강 몽골과의 싸움에서 오랜 시간 버티었습니다.
수도가 함락되고 황제가 끌려갔어도 계속 근거지를 옮기고 새로운
황제를 추대하며 저항했습니다. 포로가 된 재상은 몽골이 약속하는
부귀를 마다하고 죽음을 택합니다. 결국 마지막 애산 전투에서 송나
라는 비장한 최후를 맞습니다. 어린 황제와 황태후와 승상은 바닷물
에 뛰어들어 자결했고, 식량과 물이 떨어졌음에도 계속 싸우다 목숨
을 바친 백성이 10여만 명에 달했습니다.

조선의 사대부들이 추앙했던 송나라의 마지막은 인류 역사에서 유례를 찾을 수 없이 장렬했습니다.

지혜　　　승부의 추가 완전히 기울었을 때 항복하는 것과 목숨을 바치는 것 중에 무엇이 옳은 선택인지 개인의 자유를 중시하는 오늘날에는 정답이 없습니다. 하지만 충忠이 최고의 미덕이었던 조선의 가치관은 항상 목숨을 바칠 것을 강조했습니다. 그런데 조선을 수호해야 할 왕실과 고위 관료는 500년 역사를 배신했습니다. 조선 왕실과 관료들은 명나라 멸망 한참 후에도 숭정제의 제사를 극진히 모셨지만, 숭정제의 최후를 따라 하지는 않았네요.

김 선생　　　평범한 일개 백성은 자신과 가족의 목숨을 지키는 것이 더 소중할 수 있고, 새로운 시대의 가치관을 택하는 것이 바람직할 수도 있습니다. 하지만 왕실과 고위 관료는 그래서는 안 됩니다. 배가 침몰할 때 승객은 탈출하는 게 우선이지만, 선원들은 마지막까지 남아야 하고 선장은 배와 운명을 같이해야죠.

조선 왕실의 마지막이 민중의 기대에 미치지 못했기에 그 후 한국에서는 조선 왕실 복위를 주장하는 목소리가 없었습니다. 일제에 퇴위당한 조선 왕실이 복위하여, 그 왕실이 공화제를 선포하고 내려오는 것이 모양 좋게 왕실의 명예를 지키는 방법이었습니다. 하지만 민중은 임시정부 수립을 통해 스스로 공화제를 택했습니다. 왕실과 관료가 팔아넘긴 나라를 되찾기 위해 싸운 것은 민중이었습니다.

나라를 팔아넘긴 대가로 왕실과 관료가 호화 파티를 즐길 때, 아무 관직을 갖지 않았던 시골 선비 수십 명이 목숨을 끊었습니다. 그 중 한 명이 〈절명시〉*로 유명한 매천 황현이지요. 그의 글과 시를 인용하는 것으로 조선사를 살펴본 우리의 대화를 마치겠습니다.

나는 (벼슬하지 않았으니) 죽어야 할 의무는 없다. 하지만 나라가 오백년간 선비를 길렀는데, 망국의 날에 죽는 선비가 없다면 애통한 일이 아니겠는가. 나는 위로는 황천에서 받은 바른 마음을 버린 적 없고, 아래로는 평생 책을 읽는 것을 버리지 않았다. 이제 깊이 잠들려 하니 통쾌하지 않은가. 너희는 너무 슬퍼하지 마라.

- 자결 전에 남긴 유서 중에서

절명시絶命詩

亂離滾到白頭年(난리곤도백두년)
난리를 겪으며 머리만 희어졌는데

---

* 〈절명시〉는 장지연이 경남일보에 실으면서 널리 알려졌다. 첫 줄의 곤滾이 료潦로 알려진 경우도 많다. 육필 시가 옮겨지며 비슷한 글자로 바뀐 것으로 보인다. 윤곡과 진동은 모두 송나라의 충신이다. 윤곡은 송나라가 몽골에 짓밟힐 때 자결했고, 진동은 북송이 무너질 때 금나라와 항전을 주장하다 처형당했다. 매천은 더 적극적으로 국가를 위해 나서지 못함을 부끄러워한 것으로 보인다.

幾合捐生却未然(기합연생각미연)

몇 번이고 생을 버리지 못하였네.

今日眞成無可柰(금일진성무가내)

오늘은 진정 어찌할 수 없으니

輝輝風燭照蒼天(휘휘풍촉조창천)

부는 바람에 촛불만이 아득한 하늘을 비추누나.

妖氣晻翳帝星移(요기엄예제성이)

요기가 뒤덮어 황제의 별도 옮겨지니

久闕沈沈畵漏遲(구궐침침주루지)

구중궁궐도 침침하고 물이 줄줄 흐르네.

詔勅從今無復有(조칙종금무부유)

이제 조칙을 따를 일도 다시 없으니

琳琅一紙淚千絲(임랑일지루천사)

옥빛 한 장 글에 눈물이 천 가닥이네.

鳥獸哀鳴海嶽嚬(조수애명해악빈)

새와 짐승도 슬피 울고 산과 바다도 찡그리니

槿花世界已沈淪(근화세계이침륜)

무궁화 세계가 이제는 깊게 가라앉네.

秋燈掩卷懷千古(추등엄권회천고)

가을 등불 아래 책을 덮고서 옛일을 회상하니

難作人間識字人(난작인간식자인)

인간 세상에서 지식인 노릇 하기 어렵구나.

曾無支廈半椽功(증무지하반연공)

일찍이 조정을 버틸 반쪽 공도 없으니

只是成仁不是忠(지시성인불시충)

충성까지는 아니고, 그저 인을 이룰 뿐이도다.

止竟僅能追尹穀(지경근능추윤곡)

기껏 윤곡을 따라 자결함에 그칠 뿐

當時愧不躡陳東(당시괴불섭진동)

당시 진동에 이르지 못함이 부끄럽도다.